KB106661

세상
쉬운

부모님을 위한

컴퓨터

무작정 따라하기

'욜디_컴퓨터 기초'
크리에이터 곽은지 지음

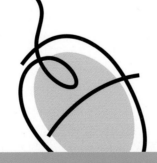

길벗

세 상 쉬 운
부모님을 위한
컴퓨터 무작정 따라하기(개정판)

The Cakewalk Series - The Basics of Computer for Senior

초판 발행 · 2022년 12월 20일
초판 3쇄 발행 · 2024년 12월 20일

지은이 · 곽은지
발행인 · 이종원
발행처 · ㈜도서출판 길벗
출판사 등록일 · 1990년 12월 24일
주소 · 서울시 마포구 월드컵로 10길 56(서교동)
대표 전화 · 02)332-0931 | **팩스** · 02)323-6766
홈페이지 · www.gilbut.co.kr | **이메일** · gilbut@gilbut.co.kr

기획 및 책임 편집 · 박슬기(sul3560@gilbut.co.kr), 연정모(yeon333718@gilbut.co.kr) | **표지·본문 디자인** · 박상희
영업마케팅 · 전선하, 박민영 | **제작** · 이준호, 손일순, 이진혁
영업관리 · 김명자 | **독자지원** · 윤정아 | **유통혁신** · 한준희

전산편집 · 예다움 | **CTP 출력 및 인쇄** · 교보피앤비 | **제본** · 경문제책

• 잘못된 책은 구입한 서점에서 바꿔 드립니다.
• 이 책은 저작권법에 따라 보호받는 저작물이므로 무단전재와 무단복제를 금합니다.
  이 책의 전부 또는 일부를 이용하려면 반드시 사전에 저작권자와 (주)도서출판 길벗의 서면 동의를 받아야 합니다.

ⓒ 곽은지, 2022

ISBN 979-11-407-0247-3 03000
(길벗 도서번호 007167)

정가 18,000원

독자의 1초를 아껴주는 정성 길벗출판사

(주)도서출판 길벗 · IT교육서, IT단행본, 경제경영, 교양, 성인어학, 자녀교육, 취미실용 ▶ www.gilbut.co.kr
길벗스쿨 · 국어학습, 수학학습, 어린이교양, 주니어 어학학습, 학습단행본 ▶ www.gilbutschool.co.kr

페이스북 ▶ www.facebook.com/gilbutzigy
네이버 포스트 ▶ post.naver.com/gilbutzigy

Special Thanks to

세상이 아무리 바쁘게 돌아가더라도
책까지 아무렇게나 빨리 만들 수는 없습니다.

길벗은 독자 여러분이
가장 쉽게, 가장 빨리 배울 수 있는 책을
한 권 한 권 정성을 다해 만들겠습니다.

독자의 1초를 아껴주는 정성을
만나보세요.

저자의 말

"이 책을 집필하는 동안 저는 컴맹이 되었습니다."

컴맹 탈출을 위해 컴퓨터 기초 수업을 듣거나, 강의 영상을 본 적 있을 거예요. 하지만 지금 이 책을 펼쳤다는 건 컴맹 탈출에 실패했다는 의미겠죠?

컴맹 탈출에 실패한 경험이 쌓일수록 '아, 난 아무리 컴퓨터를 배워도 안 되는구나, 내가 하기에는 너무 어려운 공부야.'라고 생각하게 되지는 않았나요? 컴퓨터에 대한 막연한 두려움이 생겨 점점 더 컴퓨터와 멀어졌을 수도 있고, 아예 포기했을 수도 있겠죠.
하지만 여러분이 그동안 컴맹을 탈출하지 못했던 건 여러분의 능력이나 노력이 부족하기 때문이 아닙니다. 그저 컴퓨터의 기초 단계를 제대로 다지지 못했기 때문이에요.

강의를 준비하면서 수많은 컴퓨터 강의와 책을 분석했어요. 그런데 꼭 알아야 할 내용이 중간중간 생략된 경우가 대부분이었습니다. 마치 퐁당퐁당 징검다리를 건너는 것처럼 말이죠. 제대로 습득하지 못하고 넘어가는 부분이 많을수록 다음 단계로 나아가기가 쉽지 않습니다. 때로는 그 구멍에 빠져서 허우적대다 결국 다리 건너기를 포기하기도 합니다.

저는 이 책을 집필하는 동안 철저히 컴맹이 되었습니다. 컴퓨터를 처음 배우는 입장이라고 생각하고 초보들이 빠지기 쉬운 구멍을 찾아내어 모조리 메꾸었습니다. 이러한 과정을 통해 튼튼한 컴퓨터 기초 '다리'를 만들었어요. 여러분이 이 책으로 공부하며 천천히, 편안하게 다리를 건너갈 수 있었으면 합니다.

아낌없는 응원을 보내면서도 때로는 예리한 의견을 주신 부모님과 남동생 근만이, 매주 토요일 강의를 한결같이 기다려 주시는 유튜브 채널 구독자분들, 컴퓨터 기초 내용을 꼼꼼히 담겠다는 제 의견을 지지해 주시고 좋은 책을 집필할 수 있도록 도움 주신 길벗출판사의 담당 편집자님, 모두에게 감사의 인사를 전합니다. ☺

저자 **곽은지** 드림

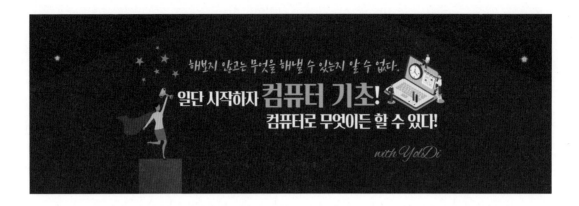

"음... 문화센터는 항상 만원이고,
학원에서는 나만 혼자 못 따라갈까 봐 부끄러워.
유튜브 영상은 몇 번 본 적 있는데 너무 어렵더라."

'부모님'을 위해 시작한 컴퓨터 기초강의, 어디서부터 어떻게 알려드려야 할까 고민하고 또 고민했습니다. 아무리 간단한 내용이라도 꼼꼼하고 자세하게 설명하면서도, 진도가 너무 더딘 것이 아닌지 걱정될 때도 있었어요.
그렇지만 저로 인해 컴퓨터 공부를 포기하지 않고 컴맹에서 탈출할 수 있었다는 댓글을 볼 때마다 '내 방법이 틀리지 않았구나!'라고 확신할 수 있었습니다.

"컴퓨터 기초! 쉽게, 천천히, 끝까지 알려드릴게요!"

유튜브로 컴퓨터 기초강의를 시작할 때 했던 다짐입니다. 책을 집필하는 동안에도 '쉽게, 천천히, 끝까지'의 세 가지 원칙을 잊지 않았습니다.
책으로 공부하다가 이해가 되지 않거나 한 번 더 짚고 넘어가고 싶은 내용이 있다면 유튜브에서 욜디의 영상 강의를 시청해 보세요. 이 책의 독자분들께 모든 내용을 무료 영상 강의로 제공합니다.

**친절하고 꼼꼼한 욜디의 컴퓨터 기초강의와 함께라면
컴맹 탈출, 결코 먼 이야기가 아닙니다.**

용기 내서 한 걸음만 다가오세요. 차근차근 하나씩 해결해 봅시다!

저자소개

곽은지 | yoldigital-2020@naver.com

PC → 인터넷 → 모바일 → 스마트 시대의 변화를 모두 경험한 디지털 세대,
교육에 첨단 기술을 더하는 교육공학 전공자,
그리고 9년 차 온라인 교육 콘텐츠 기획자입니다.

가속화된 디지털 사회, 어려움을 겪는 부모님을 위해 유튜브 컴퓨터 기초 강의를 시작해
이제는 많은 구독자들과 함께하고 있어요.
모두가 행복한 '디지털 세상'을 바라는 마음을 담아 유튜브 채널을 운영하고 있습니다.

☑ 컴맹 탈출을 원하지만 어떻게 시작해야 할지 모르는 부모님
☑ 사랑하는 부모님에게 컴퓨터를 알려드리고 싶은 자녀
☑ 디지털 네이티브 자녀를 둔 학부모
☑ 컴맹 탈출이 간절한 모든 분들

저자와 소통할 수 있는 공간

• 블로그 ▶ https://blog.naver.com/yoldigital-2020

▲ 블로그

이렇게 활용하세요!

스마트폰 카메라로 비춰 보세요.

기초부터 차근차근 소개하는 『부모님을 위한 컴퓨터 무작정 따라하기』를 공부하며,
옆에서 알려주듯 친절하게 설명하는 욜디쌤의 영상 강의 까지 듣는다면 학습 효과
가 2배! 오른쪽 QR코드를 카메라로 비춰 보세요!
욜디쌤이 이 책을 효과적으로 학습하는 방법을 알려줍니다. 컴퓨터 실력을 쑥쑥 업그
레이드해 봅시다.

★ QR코드를 통해 접속하기 어렵다면 인터넷 주소창에 'http://m.site.naver.com/0NSNa'을 입력합니다.

이번 시간에 배울 내용을
미리 살펴봅니다.

QR코드를 통해 저자의 영상 강의를
바로 시청할 수 있습니다.

미니 사전으로 컴퓨터 기초
용어를 익힙니다.

헷갈리는 내용을 Q&A로
콕콕 짚어줍니다.

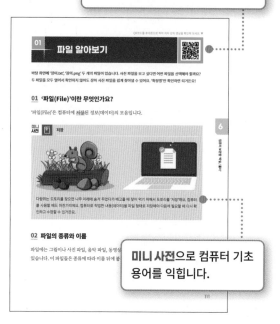

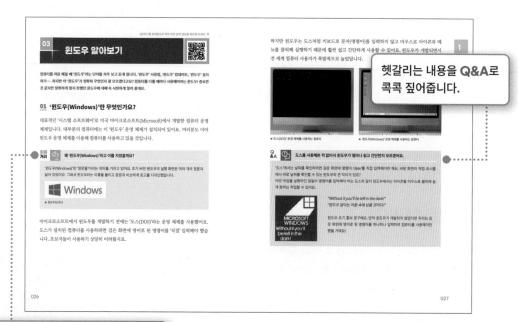

읽을 거리를 통해 알고 있으면 좋은
컴퓨터 지식을 쌓습니다.

무작정 따라하기에서는 실제로 컴퓨터 앞에 앉아 실습하며 실력을 쌓습니다.

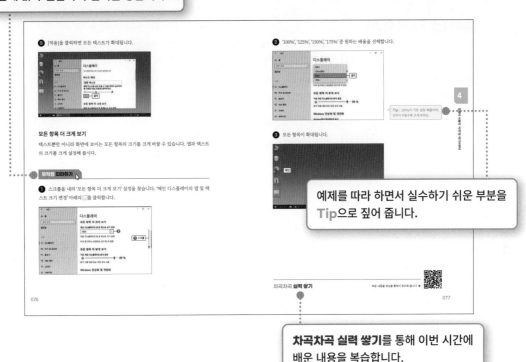

예제를 따라 하면서 실수하기 쉬운 부분을 **Tip**으로 짚어 줍니다.

차곡차곡 실력 쌓기를 통해 이번 시간에 배운 내용을 복습합니다.

QR코드로 영상 강의를 시청해 보세요.

책에 실린 **QR코드**를 통해 저자의 영상 강의를 바로 시청할 수 있습니다.
율디쌤의 영상 강의를 활용해 컴퓨터 실력을 쑥쑥 키워 봅시다.

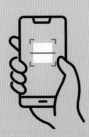

 영상 강의가 필요한 순간, 제목 오른쪽의 QR코드를 찾습니다.

 스마트폰 카메라를 실행하고 QR코드를 비춰 보세요.

 영상 강의를 시청할 수 있는 링크가 나타나면 화면을 터치해 강의를 시청합니다.

목차

05 똑똑한 막대 줄 '작업 표시줄'

셋째 마당 | 파일과 폴더 똑똑하게 관리하기   — ☐ ✕

06 컴퓨터 보관함 '파일/폴더'

넷째 마당 | 컴퓨터 활용 한 걸음 더 나아가기   ─ ☐ ✕

08 컴퓨터 작업이 편리해지는 윈도우 기본 앱 사용하기

09 컴퓨터 초보 벗어나기

10 컴퓨터 기초 정복! 이제 무엇을 할 수 있을까요?

무엇이든 물어 보세요!

문의사항이 있을 경우 길벗 홈페이지의 [고객센터] - [1:1 문의] 게시판에 질문을 등록해 보세요.
길벗 독자지원센터에서 친절하게 답변해 드립니다.

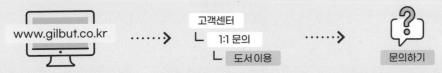

1 길벗 홈페이지(www.gilbut.co.kr)에 회원가입 후 로그인합니다.

2 [고객센터] - [1:1 문의] 게시판에서 '도서 이용'을 클릭하고 책 제목을 검색합니다.

3 '문의하기'를 클릭해 새로운 질문을 등록합니다.

책 200% 활용법

1 **목표를 세워야 혼자서도 공부할 의지가 생깁니다!**
'나의 컴맹 탈출 계획표'를 작성해서 꾸준히 공부할 수 있도록 준비하세요.

2 **책을 넘기며 어떤 내용인지 살펴보세요!**
처음에는 이해가 잘 되지 않아도 부담 갖지 말고 책을 가볍게 훑어보세요! "아~ 이런 기능이 있구나!"

3 **책에 있는 QR코드를 찍어 영상 강의를 시청합니다!**
영상 강의를 통해 따라하기 어려웠던 부분을 쉽게 이해할 수 있어요.

4 **컴퓨터로 직접 실습해 봅시다!**
책을 보면서 순서대로 차근차근 따라해 보세요.

5 **컴퓨터와 친해지세요!**
한 번에 많은 내용을 공부하는 것보다, 매일 꾸준히 공부하는 것이 좋습니다.

부록 실습 파일 사용법

책의 내용을 따라하고 싶은데 적당한 파일이나 폴더가 컴퓨터에 저장되어 있지 않다면, 길벗 홈페이지에서 부록을 다운로드해 보세요. '컴퓨터공부' 폴더 안에 여러 종류의 파일이 저장되어 있어 실습을 따라할 수 있습니다.

1 길벗 홈페이지(www.gilbut. co.kr)에 접속해 검색 창에 '부모님을 위한 컴퓨터 무작정 따라하기'를 검색하세요.

2 해당 도서의 페이지에서 [자료실]을 클릭해 부록 실습 파일을 다운로드하세요.

3 부록으로 제공되는 '컴퓨터공부.zip'의 압축을 해제해 실습에 바로 활용해 보세요.

컴퓨터 공부는 꾸준히 자주! 실습을 통해서 직접 컴퓨터를 다뤄 봅시다. _____

나의 컴맹 탈출 계획표

★ 추천 계획 : 일주일에 3일 이상! 하루 30분 이상!

이것만은 꼭!
컴퓨터 기초 지식
다지기

본격적으로 컴퓨터를 다루기 전, 기초 단계를 탄탄하게 쌓는 준비 운동 단계입니다. 컴퓨터와 주변 장치에 대해 알아보며 컴퓨터와 친해져 봅시다.

01

컴퓨터
자기소개

요즘에는 컴퓨터를 사용해서 할 수 있는 일이 정말 많아요. 인터넷 쇼핑, 은행 업무, 각종 행정 민원 신청 등…. 이처럼 컴퓨터는 우리가 편리한 생활을 할 수 있도록 도와주고 있어요. 반면, 컴퓨터를 능숙하게 다루지 못해 불편함을 겪는 상황이 발생하기도 합니다.

컴퓨터 사용이 익숙치 않아 모니터 화면 앞에서 머릿속이 새하얘졌거나, 고민 끝에 주변 사람들에게 도움을 요청한 적은없나요? 하지만 이제 전혀 걱정할 필요가 없어요! 기초부터 차근차근 익힌다면 어느새 컴퓨터와 둘도 없는 친구가 되어 있을 거예요.

알고 보면 컴퓨터는 우리에게 정말 익숙한 존재예요. 이미 우리 생활 속 일부가 된 스마트폰을 이용하며 매일 '작은 컴퓨터'를 경험하고 있거든요. 여러분의 새로운 친구가 될 '컴퓨터'에 대해 자세히 알아봅시다.

안녕하세요. 저는 '컴퓨터'입니다. 저에 대해 궁금했는데, 딱딱하고 어려울 것 같아 다가오지 못하셨나요?
그렇다면 우리 좀 더 가까워져 봐요. 지금부터 본격적으로 제 소개를 해보겠습니다.

01 컴퓨터 기본 구성 장치 익히기

'컴퓨터'라고 하면 어떤 이미지가 떠오르나요? 대부분 모니터, 본체, 마우스, 키보드 같은 주변 장치가 생각날 거예요. 하지만 이 장치들이 각각 어떤 기능을 하는지 정확하게 설명하기는 어려워요.

컴퓨터의 기본 구성 장치를 하나씩 살펴보며 각각의 장치들이 어떤 역할을 하는지 알아봅시다. 앞으로 계속 사용해야 할 장치들이니 친해지는 것이 좋아요.

01 데스크톱 컴퓨터(Desktop Computer)

책상에 설치해 사용할 수 있도록 제작된 컴퓨터입니다.

본체, 모니터, 키보드, 마우스, 스피커 등 여러 장치로 구성되어 있습니다. 이 중 키보드와 마우스는 '입력 장치', 모니터와 스피커는 '출력 장치'라고 합니다.

  Q&A 입력, 출력 장치는 어떻게 구분하나요?

장치	설명	예
입력	컴퓨터에 자료를 입력하기 위한 장치입니다. 사람이 사용하는 문자, 소리, 행동 등의 자료를 컴퓨터가 처리할 수 있는 형태로 변환합니다.	마우스, 키보드
출력	컴퓨터가 처리한 결과를 사람이 인식할 수 있는 형태(문자, 이미지, 소리 등)로 변환합니다.	모니터, 스피커, 프린터

본체

컴퓨터의 핵심이며 소프트웨어 명령을 실행하는 부분입니다.

본체 안의 '중앙처리장치(CPU)'는 컴퓨터의 두뇌 역할을 담당합니다. 그 외에도 본체의 부품을 장착한 판 '메인보드(Mainboard)', 중앙처리장치의 작업 공간인 '램(RAM)', 모니터를 통해 컴퓨터 작업을 볼 수 있도록 도와주는 '그래픽 카드(Graphic Card)', 대용량의 정보를 저장하는 '하드 디스크 드라이브(HDD)' 등으로 구성되어 있습니다.

모니터(Monitor)

컴퓨터에서 작업하는 내용을 눈으로 볼 수 있도록 해주는 '출력 장치'입니다.

키보드(Keyboard)

타자기와 비슷하게 생긴 '입력 장치'입니다.

키보드 자판을 누를 때 발생하는 전기 신호를 컴퓨터의 언어로 변환해 컴퓨터에 전달합니다.

마우스(Mouse)

앱(프로그램)을 선택, 실행, 변경하는 등 다양한 기능을 수행합니다. 컴퓨터를 사용할 때 없어서는 안 될 필수 입력 장치입니다.

스피커(Speaker)

컴퓨터의 전기 신호를 음파로 바꾸는 출력 장치입니다. 즉, 컴퓨터의 신호를 사람이 들을 수 있는 소리로 바꿔 줍니다.

프린터(Printer)

컴퓨터로 작업한 문자나 이미지를 종이에 인쇄해 주는 출력 장치입니다.

02 노트북 컴퓨터(Notebook Computer)

본체, 모니터, 키보드 등의 장치가 하나로 합쳐진 형태의 컴퓨터입니다. 따라서 노트북 하나
만 있어도 컴퓨터 작업을 수행할 수 있습니다.

'무릎(Lap)'의 '위(Top)'에 올려놓고 사용하므로 '랩톱(Laptop)'이라고 부르기도 합니다. 휴
대가 간편하고 가볍다는 장점이 있습니다. 따라서 장소를 이동하며 컴퓨터 작업을 해야 하
는 경우 편리하게 사용할 수 있습니다.

03 태블릿 PC(Tablet PC)

키보드나 마우스 대신 손가락이나 터치 펜으로 조작하는 휴대형 컴퓨터입니다. 납작하고 평평한 '판(Tablet)' 모양을 하고 있어 '태블릿 PC'라고 부릅니다. 일반적인 컴퓨터와 운영체제(OS)가 달라 데스크톱이나 노트북 컴퓨터에서 실행하는 작업을 모두 수행하지는 못하지만, 가볍고 사용이 쉬워 점차 활성화되고 있습니다.

애플의 '아이패드(iPad)'와 삼성전자의 '갤럭시 탭(Galaxy Tab)'이 대표적인 태블릿 PC입니다.

차곡차곡 실력 쌓기

아래 빈칸에 컴퓨터 구성 장치의 이름을 채워 보세요.

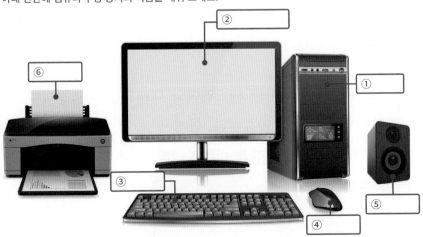

정답 ① 본체 ② 모니터, ③ 키보드, ④ 마우스, ⑤ 스피커, ⑥ 프린터

02 하드웨어와 소프트웨어 알기

컴퓨터를 이용해 당장 인터넷 쇼핑을 하고, 문서를 만들거나 영상을 편집하고 싶겠지만, 지금은 기본 지식부터 탄탄히 쌓는 것이 더욱 중요해요.

'하드웨어'와 '소프트웨어'라는 단어를 들어본 적 있나요? 하드웨어와 소프트웨어가 모두 갖춰져야 컴퓨터를 사용할 수 있어요. 둘 사이에 어떤 차이가 있고, 각각 어떤 기능을 하는지 자세히 알아봅시다.

01 하드웨어(Hardware)

'하드(Hard)'란 '딱딱하다'는 의미로, '하드웨어'는 눈에 보이고 손으로 만질 수 있는 컴퓨터 기계 장치를 뜻합니다. 즉, 컴퓨터 구성 장치 중 눈으로 확인하고 직접 만질 수 있는 본체, 모니터, 마우스, 스피커 등이 하드웨어에 해당합니다.

02 소프트웨어(Software)

'소프트(Soft)'란 '부드럽다'라는 뜻으로 소프트웨어는 하드웨어와 대비되는 개념입니다. 소프트웨어는 형체가 없으므로 직접 보거나 만질 수 없습니다. 쉽게 말해, '소프트웨어'는 컴퓨터를 사용할 수 있도록 작업 명령을 내리는 프로그램을 의미합니다. '시스템 소프트웨어'와 '응용 소프트웨어' 2가지로 구분할 수 있습니다.

시스템 소프트웨어

컴퓨터 시스템을 작동시키기 위한 '필수' 소프트웨어입니다. 대표적인 시스템 소프트웨어에는 컴퓨터의 '운영 체제(OS, Operating System)'가 있습니다.

미니 사전 **운영 체제**

> 컴퓨터 사용을 도와주는 프로그램입니다. 대표적인 운영 체제로는 마이크로소프트의 '윈도우(Windows)', 애플의 '오에스 텐(OS X)' 등이 있습니다.

응용 소프트웨어

컴퓨터를 편리하게 사용할 수 있도록 제작된 소프트웨어입니다.

문서 파일을 작성하기 위한 '흔 글', '워드(Word)' 앱, 인터넷을 실행하기 위한 '마이크로소프트 엣지(Microsoft Edge)', '크롬(Chrome)' 앱, 다른 사람들과 소통하기 위한 '카카오톡' 앱 등이 있습니다.

▲ 시스템 소프트웨어 '윈도우 11' 앱

▲ 응용 소프트웨어 'MS 워드' 앱

차곡차곡 실력 쌓기

다음 [보기] 중 하드웨어와 소프트웨어를 구분해서 적어 보세요.

┌─ [보기] ─────────────────────────────┐
본체, 마우스, 윈도우, 키보드, 한글, 크롬, 모니터, 카카오톡, 스피커
└──────────────────────────────────────┘

하드웨어	소프트웨어

정답 하드웨어: 본체, 마우스, 키보드, 모니터, 스피커 / 소프트웨어: 윈도우, 한글, 크롬, 카카오톡

03 윈도우 알아보기

컴퓨터를 처음 배울 때 '윈도우'라는 단어를 자주 보고 듣게 됩니다. '윈도우' 사용법, '윈도우' 업데이트, '윈도우' 설치하기…. 하지만 이 '윈도우'가 정확히 무엇인지 잘 모르겠다고요? 컴퓨터를 다룰 때마다 사용해야하는 윈도우! 중요한 것 같지만 정확하게 알지 못했던 윈도우에 대해 속 시원하게 알려 줄게요.

01 '윈도우(Windows)'란 무엇인가요?

대표적인 '시스템 소프트웨어'로 미국 마이크로소프트(Microsoft)에서 개발한 컴퓨터 운영 체제입니다. 대부분의 컴퓨터에는 이 '윈도우' 운영 체제가 설치되어 있어요. 여러분도 아마 윈도우 운영 체제를 이용해 컴퓨터를 사용하고 있을 것입니다.

 읽을거리 **왜 '윈도우(Windows)'라고 이름 지었을까요?**

'윈도우(Windows)'란 '창문들'이라는 의미를 가지고 있어요. 초기 버전 윈도우의 실행 화면은 여러 개의 창문과 닮아 있었어요. 그래서 윈도우라는 이름을 붙이고 창문과 비슷하게 로고를 디자인했답니다.

▲ 윈도우11 로고

마이크로소프트에서 윈도우를 개발하기 전에는 '도스(DOS)'라는 운영 체제를 사용했어요. 도스가 설치된 컴퓨터를 사용하려면 검은 화면에 영어로 된 명령어를 '직접' 입력해야 했습니다. 초보자들이 사용하기 상당히 어려웠지요.

하지만 윈도우는 도스처럼 키보드로 문자(명령어)를 입력하지 않고 마우스로 아이콘과 메뉴를 클릭해 실행하기 때문에 훨씬 쉽고 간단하게 사용할 수 있어요. 윈도우가 개발되면서 전 세계 컴퓨터 사용자가 폭발적으로 늘었답니다.

▲ '도스(DOS)' 운영 체제를 사용하는 컴퓨터

▲ '윈도우(Windows)' 운영 체제를 사용하는 컴퓨터

 Q&A **도스를 사용해본 적 없어서 윈도우가 얼마나 쉽고 간단한지 모르겠어요.**

'도스'에서는 날짜를 확인하려면 검은 화면에 명령어 'date'를 직접 입력해야만 해요. 바탕 화면의 작업 표시줄에서 바로 날짜를 확인할 수 있는 윈도우와 큰 차이가 있죠?

어떤 작업을 실행하던 일일이 명령어를 입력해야 하는 도스와 달리 윈도우에서는 아이콘을 마우스로 클릭해 쉽게 원하는 작업할 수 있어요.

"Without it you'll be left in the dark!"
"윈도우 없이는 어둠 속에 남을 것이다!"

윈도우 초기 홍보 문구예요. 만약 윈도우가 개발되지 않았다면 우리는 검은 화면에 영어로 된 명령어를 하나하나 입력하며 컴퓨터를 사용해야만 했을 거예요!

02

나의 손과 입을 대신하는
마우스와 키보드

컴퓨터를 다루기 위해 반드시 알아두어야 하는 장치가 있어요. 바로 '마우스'와 '키보드'입니다.

모니터에 나타나는 항목을 선택하거나 실행하려면 '마우스'가 필요하고, 글자를 입력해 문서를 만들거나 다른 사람과 대화하려면 '키보드'가 필요해요. 이 두 장치를 바르게 사용해야 컴퓨터를 원하는 대로 다룰 수 있답니다.

마우스에 버튼이 두 개 있는데 뭘 눌러야 하나요?

마우스를 클릭했는데 파일이 열리지 않아요.

키보드 키의 개수가 너무 많은데 어떻게 다 외우나요?

영어로 써 있는 키의 기능을 모르겠어요.

마우스와 키보드를 사용하면서 이런 궁금증이 생긴 적 있다면 주목하세요! 마우스와 키보드 사용법을 정확하게 익혀 컴퓨터를 쉽고 편리하게 사용해 봅시다.

01 마우스 다루기

"마우스를 '클릭'하세요." "아이콘을 '더블 클릭'해서 실행해 주세요."
자주 들어본 말이지만, '클릭이 무엇인지', '왜 더블 클릭을 해야 하는지' 정확하게 알지 못하는 경우가 많아요. 그래서 컴퓨터를 혼자 배우면 마우스를 원하는 대로 작동하지 못하는 답답한 상황이 생길 수밖에 없어요.
마우스를 내 손처럼 자유자재로 다룰 수 있도록 사용법을 익혀 봅시다.

01 '마우스'란 무엇인가요?

'마우스'는 사용자가 컴퓨터 안의 프로그램을 선택하고 실행할 수 있도록 도와주는 입력 장치로, 화면 위에 나타나는 커서를 움직이는 데 사용됩니다.
한 손에 쏙 쥘 수 있는 크기에 둥그런 모양이며, 한쪽 끝에 본체와 연결되는 케이블(선)이 달려 있습니다. 마우스를 움직여 모니터 화면 속의 커서를 이동해 볼까요? 또 버튼을 클릭하면 항목을 선택하거나 실행할 수도 있습니다. '쥐'와 닮았다고 해서 '마우스(Mouse, 쥐)'라는 이름이 붙여졌습니다.

마우스는 왼쪽 버튼, 오른쪽 버튼, 스크롤 휠로 구성되어 있습니다.

❶ 마우스 왼쪽 버튼   ❷ 마우스 오른쪽 버튼   ❸ 스크롤 휠

검지는 왼쪽 버튼 위에, 중지는 오른쪽 버튼 위에 놓고 나머지 손가락으로 마우스를 가볍게 감싸듯이 잡아 보세요.

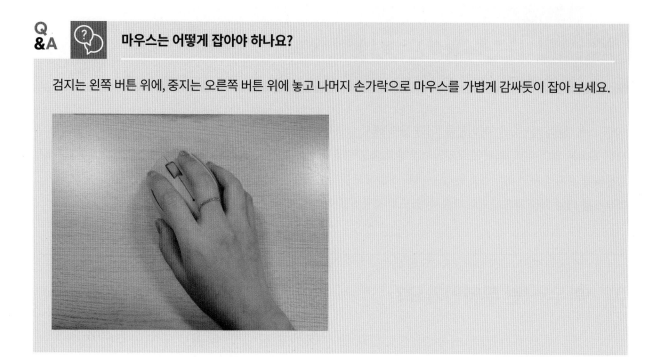

02 마우스의 사용법과 기능 알아보기

마우스 왼쪽 버튼

❶ 클릭(Click) → 선택

마우스 버튼을 한 번 누르는 것을 '클릭'이라고 합니다.

파일, 폴더, 앱(프로그램) 등에 마우스 커서를 올리고 '클릭'하면 '선택'할 수 있습니다.

❷ 더블 클릭(Double Click) → 실행

'더블(Double)'은 두 번 거듭된다는 뜻으로 '더블 클릭'은 마우스 버튼을 두 번 '따닥' 누르는 것을 말합니다.

> **Tip** | 너무 천천히 두 번 누르면 컴퓨터는 더블 클릭이 아닌 '클릭'으로 인식해요. 적당히 빠른 속도로 두 번 눌러 주세요.

파일, 폴더, 앱(프로그램) 등에 마우스 커서를 놓고 '더블 클릭'하면

- **파일**: 파일이 실행되어 파일 내용을 확인하거나 편집할 수 있습니다.
- **폴더**: 폴더가 열리면서 폴더 안에 담긴 여러 파일을 확인할 수 있습니다.
- **앱(프로그램)**: 앱을 실행하여 사용할 수 있습니다.

▲ 파일을 더블 클릭했을 때   ▲ 폴더를 더블 클릭했을 때   ▲ 앱(프로그램)을 더블 클릭했을 때

Q&A

마우스 버튼을 눌렀는데 아무 소리도 나지 않아요. 고장 난 건가요?

마우스의 '딸깍' 소리가 거슬린다면 '무소음 마우스'를 사용하기도 해요. 무소음 마우스는 마우스를 사용할 때 발생하는 소리를 최대한 줄인 마우스예요. 그래서 버튼을 누를 때 소리가 나지 않더라도 제품에 문제가 있는 것은 아닙니다. 도서관과 같이 조용한 공공장소에서는 무소음 마우스가 유용하겠죠?

❸ 드래그(Drag) → 이동, 크기 조절

마우스 왼쪽 버튼을 꾹 누른 채 마우스를 움직이는 것을 말합니다.

마우스 왼쪽 버튼을 꾹 누른 상태에서 마우스를 움직인 후 손을 떼는 것을 '드래그 앤 드롭 (Drag and Drop)'이라고 합니다. 파일, 폴더, 앱의 위치를 이동시킬 수 있습니다.

> **Tip** | 마우스를 움직일 때 왼쪽 버튼에서 손가락을 떼면 안 돼요. 만약, 중간에 버튼에서 손을 떼면 드래그할 수 없어요.

① 사진 파일을 오른쪽으로 옮겨 봅시다. 마우스 커서를 사진 파일 위에 두고 마우스 왼쪽 버튼을 꾹 누릅니다.

② 마우스 왼쪽 버튼을 누른 상태로 오른쪽으로 움직입니다. 원하는 위치로 사진 파일이 이동하면 마우스에서 손을 뗍니다.

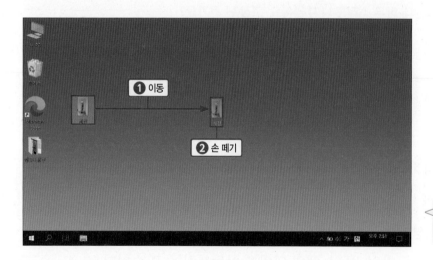

Tip | 파일을 이동 중일 때는 마우스 왼쪽 버튼에서 손을 떼면 안 돼요!

마우스 오른쪽 버튼

클릭(Click) → 바로 가기 메뉴 보기

파일, 폴더, 앱(프로그램) 등에 마우스 커서를 놓고 마우스 오른쪽 버튼을 '클릭'하면 다양한 메뉴가 나타납니다. 예를 들어, '폴더'를 마우스 오른쪽 버튼으로 클릭하면 '삭제', '이름 바꾸기', '복사' 등 폴더와 관련된 여러 바로 기기 메뉴를 확인할 수 있습니다.

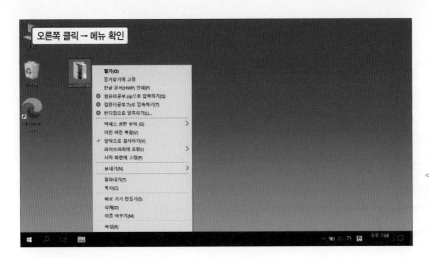

Tip | 마우스 오른쪽 버튼으로는 '클릭'만 할 수 있습니다. 버튼을 한 번만 누를 뿐, 두 번 누르거나 드래그하지 않습니다.

스크롤 휠(Scroll Wheel)

스크롤 휠은 두 버튼 사이에있는 둥그런 장치입니다. 위아래로 굴려 화면을 움직일 수 있습니다. 스크롤 휠을 아래로 움직이면 화면이 아래로, 위로 움직이면 화면이 위로 이동합니다.

Tip | 스크롤 휠이 잘 생각나지 않는다면 29쪽의 마우스 사진을 참고하세요.

미니 사전 스크롤 휠(Scroll Wheel)

스크롤 휠(Scroll Wheel)은 '스크롤(Scroll)'과 '휠(Wheel)'이 합쳐진 용어예요.

스크롤	휠
화면에 나타난 내용을 상하 또는 좌우로 움직이는 것을 의미해요. 스마트폰으로 인터넷 기사를 보는 상황을 떠올려 보세요. 기사의 길이가 길어지면 화면을 손가락으로 쓱 밀어 아래로 내리곤 합니다. 이렇게 화면을 위아래로 움직이는 것을 스크롤이라 해요.	'둥근 바퀴(wheel)'라는 뜻입니다. 마우스 휠은 둥근 모양이기 때문에 바퀴 굴리듯이 손가락으로 위, 아래로 움직일 수 있어요.

<u>03</u> 마우스 연결하기

마우스를 사용하려면 마우스와 본체를 연결해야 합니다.

마우스의 종류마다 연결하는 방법이 다르므로 우선 내가 사용하는 마우스의 종류를 파악해야 합니다. 연결 방식에 따라 크게 '유선 마우스', '무선 마우스', '블루투스 마우스'로 구분합니다.

유선 마우스

'케이블(선)'로 본체에 연결하는 마우스입니다. 케이블 끝부분에 있는 USB(유에스비)를 본체에 있는 USB 단자에 꽂으면 본체에서 마우스를 인식하여 연결됩니다.

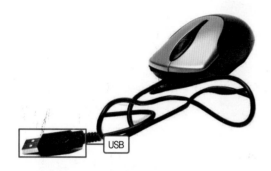

무선 마우스

무선 마우스와 함께 동봉된 '리시버(Receiver, 무선 수신기)'를 본체의 USB(유에스비) 단자에 꽂으면 본체에서 마우스를 인식합니다.

Tip | 아래 사진과 같이 본체의 USB 단자에 리시버를 연결합니다.

블루투스 마우스

마우스에 내장된 '블루투스(Bluetooth)' 기능을 이용해 본체와 연결합니다. 케이블이나 리시버 없이도 연결할 수 있기 때문에 휴대용으로 적합합니다.

여기서는 블루투스 마우스를 연결하는 방법에 대해 알아보겠습니다.

무작정 따라하기

1 마우스의 전원 스위치를 'ON' 상태에 놓습니다.

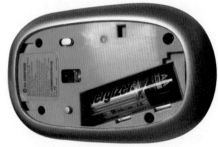

> **Tip** | 전원 스위치는 대부분 마우스 하단에 있고 건전지를 넣어야 전원이 켜져요.

2 [시작] – [설정]을 차례대로 클릭합니다.

3 'Windows 설정' 창이 열리면 [장치]를 클릭합니다.

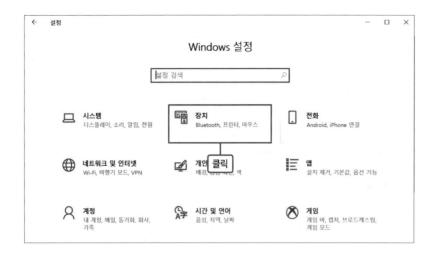

4 'Bluetooth' 아래의 ◯◯를 클릭해 '켬' 상태로 변경합니다. 단, 블루투스를 지원하지 않는 데스크톱에서는 해당 메뉴가 나타나지 않습니다.

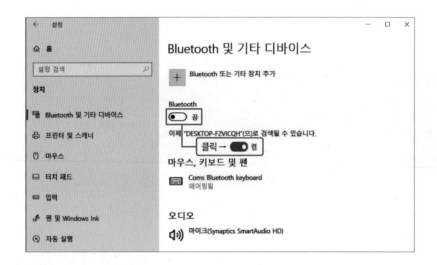

5 블루투스 마우스에 있는 '페어링' 버튼을 눌러 마우스에서 본체로 신호를 보냅니다.

> **Tip** | 페어링은 블루투스 기기를 서로 연결하여 동작할 수 있도록 해주는 과정이에요. 마우스 기기와 동봉된 설명서를 확인하면 '페어링' 버튼 위치를 확인할 수 있어요.

6 'Bluetooth 또는 기타 장치 추가'의 ⊞를 클릭합니다.

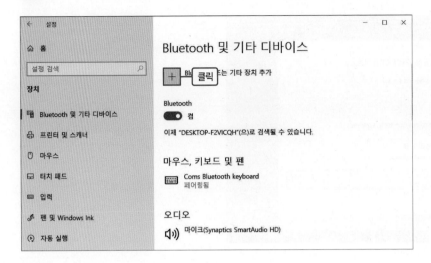

7 '디바이스 추가' 창이 나타나면 [Bluetooth]를 클릭합니다. 컴퓨터가 블루투스 마우스를 인식하면 장치 목록에 마우스 장치 이름이 나타납니다. 연결하고자 하는 마우스를 클릭합니다.

 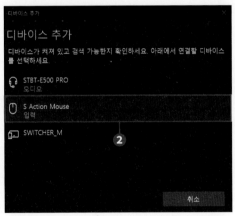

> **Tip** │ 블루투스 마우스 장치의 이름은 마우스의 설명서를 확인해 주세요.

8 인식된 블루투스 마우스를 확인하고 [완료]를 클릭합니다.

9 블루투스 마우스가 연결되었습니다.

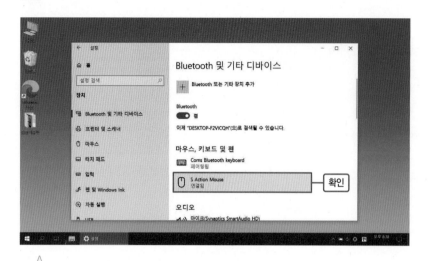

Tip │ 블루투스 키보드도 마우스와 같은 방법으로 연결할 수 있어요.

차곡차곡 실력 쌓기

마우스의 구성과 기능을 정리해 봅시다.

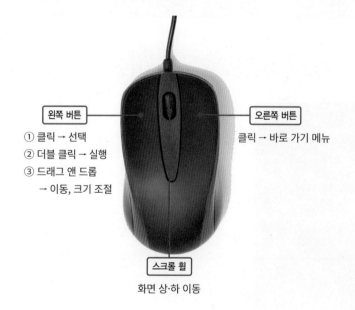

왼쪽 버튼
① 클릭 → 선택
② 더블 클릭 → 실행
③ 드래그 앤 드롭
 → 이동, 크기 조절

오른쪽 버튼
클릭 → 바로 가기 메뉴

스크롤 휠
화면 상·하 이동

02

키보드 다루기

컴퓨터에 우리의 말과 명령을 입력해주는 '키보드'!
키보드 키의 수가 너무 많아서 복잡해 보이나요? 처음부터 모든 키의 기능을 전부 외울 필요는 없어요. 기본적인 문자 키를 먼저 익히고, 나머지 키는 필요할 때마다 하나씩 익히면 되니 너무 부담 갖지 마세요!

<u>01</u> '키보드'란 무엇인가요?

'키보드'는 컴퓨터에 정보를 입력하는 장치입니다. 문서를 작성할 때, 메일 보낼 때, 카카오톡으로 대화할 때와 같이 글자를 입력해야 하는 상황에서 사용합니다.

키보드에는 글자가 써 있는 버튼이 있는데 이것을 '키(key)'라고 합니다. 이 키를 눌러 글자를 입력합니다. 우리나라에서 보편적으로 쓰이는 키보드의 경우, 한 키보드에 약 106개의 키가 있습니다.

Q&A **키보드 오른쪽에 숫자 키가 없어요.**

노트북의 키보드나, 휴대용 무선 키보드의 경우 크기가 작고, 키의 개수도 적어요. 휴대성을 위해 크기를 줄였기 때문이죠. 오른쪽에 있는 숫자 키가 생략되거나, 방향키의 크기 및 위치가 조금씩 다르답니다.

노트북 키보드	무선 키보드

02 주요 '키'의 기능 알아보기

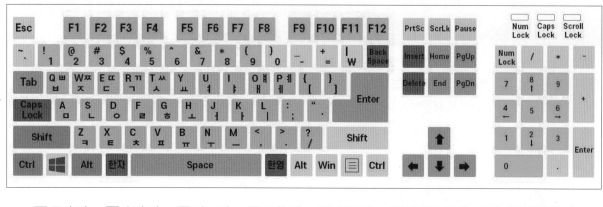

■ 문자 키 ■ 숫자 키 ■ 기능 키 ■ 조합 키 ■ 이동 키 ■ 타자보조 키 ■ 시스템명령 키

■ 문자 키

한글(자음, 모음), 알파벳(대문자, 소문자)을 입력할 수 있습니다.

■ 숫자 키

문자 키 위쪽과 오른쪽에 '0'~'9'까지의 숫자 키가 있습니다. 숫자뿐만 아니라 특수 문자를
입력하거나 숫자 키를 방향 키로 사용하는 경우도 있습니다.

❶ 상단 숫자 키로 특수 문자 입력하기

Shift와 상단 숫자 키를 동시에 누르면 숫자가 아닌 특수 문자를 입력할 수 있습니다.

Shift + 숫자	입력값	Shift + 숫자	입력값
Shift + 1	!	Shift + 6	^
Shift + 2	@	Shift + 7	&
Shift + 3	#	Shift + 8	*
Shift + 4	$	Shift + 9	(
Shift + 5	%	Shift + 0	)

Tip | 상단 숫자 키에는 Shift를 누르면 입력할 수 있는 특수 문자가 써 있어요.

❷ 오른쪽 숫자 키를 '방향 키'로 변경하기

오른쪽 숫자 키 위쪽에 NumLock (넘버 락)이 있습니다. '넘버 락' 램프에 불이 켜져 있다면 오른쪽 숫자 키를 눌렀을 때 '숫자'가 입력되고 불이 꺼져 있다면 숫자 키가 방향 키로 사용됩니다.

숫자 키	이동 방향	숫자 키	이동 방향
8	위로 이동(⬆)	2	아래로 이동(⬇)
6	오른쪽으로 이동(➡)	4	왼쪽으로 이동(⬅)

Q&A **'☺'와 같은 그림 문자는 어떻게 입력하죠?**

요즘은 키보드에 있는 특수 문자(!@#)보다 그림 문자인 '이모지'를 많이 사용합니다. 스마트폰에서 문자를 보내거나 카카오톡을 할 때 자주 사용하는데, 컴퓨터에선 어떻게 입력할까요? 아주 쉬워요! 키보드에서 ⊞와 .를 동시에 누르면 이모지를 선택할 수 있는 창이 나타납니다. 그 중에서 원하는 이모지를 클릭하면 된답니다.

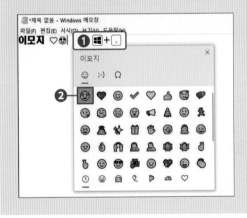

▨ 기능(Function, 펑션) 키

키보드 제일 상단에 있는 F1 ~ F12를 '기능 키'라고 합니다. 각각의 키는 정해진 기능을 실행합니다.

기능 키	실행	기능 키	실행
F1	도움말과 소개	F2	이름 바꾸기
F3	검색	F5	새로고침

> **Tip** | 사용하는 앱에 따라 윈도우에서 정해진 기능이 아닌 다른 기능을 실행하기도 해요.

▒ 조합 키

단독으로 누르면 아무런 효과를 내지 않지만, 다른 키와 조합해 누르면 여러 기능을 실행할 수 있습니다. 조합 키에는 Shift, Ctrl, Alt 가 있습니다.

❶ Shift (시프트 키)

한글 입력 시 Shift 키와 문자 키를 동시에 누르면 '복자음, 복모음'을 입력할 수 있습니다.

예 Shift + ㅂ → ㅃ, Shift + ㅔ → ㅖ

영어 입력 시 Shift 키와 문자 키를 동시에 누르면 '대문자' 알파벳을 입력할 수 있습니다.

예 Shift + A → A, Shift + B → B

문자 키 상단의 숫자 키와 Shift 키를 동시에 누르면 '특수 문자'를 입력할 수 있습니다.

예 Shift + 1 → !, Shift + 6 → ^

> Tip | 입력 가능한 특수 문자는 40쪽을 참고하세요.

❷ Ctrl (컨트롤 키)

Ctrl과 문자 키를 동시에 누르면 여러 가지 응용 명령을 실행할 수 있습니다.

Ctrl + 문자	실행	Ctrl + 문자	실행
Ctrl + C	복사	Ctrl + V	붙여넣기
Ctrl + A	전체 선택	Ctrl + X	잘라내기
Ctrl + Z	되돌리기	Ctrl + F	검색하기

❸ Alt (알트 키)

Alt 키와 다른 키를 동시에 누르면 여러 응용 프로그램의 명령을 실행할 수 있습니다.

예 Alt + Tab → 창 또는 탭 이동, Alt + F4 → 창 닫기

■ 이동 키

❶ [Enter] (엔터 키)

어떤 명령의 실행을 지시하거나, 문서 편집 프로그램에서 문장의 줄을 바꿀 때 사용합니다.

❷ [Spacebar] (스페이스 바)

문자 입력 시 문자 사이 띄어쓰기를 할 때 사용합니다.

❸ [Tab] (탭 키)

• 문자 입력시 일정한 간격으로 텍스트 입력 커서가 이동합니다.

• 인터넷 창을 실행한 경우 다음 항목으로 이동합니다.

❹ [←], [→], [↑], [↓] (방향 키)

커서를 위([↑]), 아래([↓]), 오른쪽([→]), 왼쪽([←])으로 이동할 때 사용합니다.

❺ [Home] (홈 키), [End] (엔드 키)

커서의 위치를 맨 앞 또는 맨 뒤로 이동할 때 사용합니다.

❻ [PgUp] (페이지 업 키), [PgDn] (페이지 다운 키)

반 페이지 정도 위로 또는 아래로 이동할 때 사용합니다.

■ 타자 보조 키

❶ [CapsLock] (캡스 락 키)

[CapsLock]을 한 번 누를때마다 오른쪽 숫자 키 위의 'Caps Lock' 램프에 불이 켜졌다 꺼집니다. 램프에 불이 켜져 있으면 대문자로, 꺼져 있으면 소문자로 입력됩니다.

❷ [Backspace], [←] (백스페이스 키)

텍스트 입력 커서 앞에 있는 글자를 지울 때 사용합니다. 지우고 싶은 글자 뒤에 커서를 두고 [Backspace]를 누르면 앞의 글자가 하나씩 지워지면서 커서가 앞으로 이동합니다.

❸ [한/영] (한/영 키)

한글/영어 입력 모드를 전환할 때 사용합니다. [한/영]을 누를 때마다 입력 모드가 변경됩니다.

❹ 한자 (한자 키)

'한자의 음'을 입력한 후 한자를 누르면 한글을 한자로 변경할 수 있습니다.

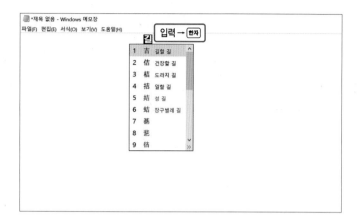

❺ Insert (인서트 키)

삽입/수정 모드를 전환합니다. '수정' 모드로 전환하면 글자 입력 시 텍스트 입력 커서 오른쪽
에 있던 글자가 지워지면서 새로운 글자가 입력됩니다.

 Q&A **글자와 글자 사이에 새로운 글자를 입력하면 뒷글자가 지워져요.**

두 글자 사이에 커서를 두고 새로운 글자를 추가하려는데 뒤에 있는 글자가 지워질 때가 있죠?
'홍동' 사이에 '길'을 입력해 '홍길동'이라고 써야 하는 상황을 떠올려 봅시다. 그런데 '홍'과 '동' 글자 사이에 커서
를 놓고 '길'을 입력하니 '동'이 지워지는 경우가 있어요.
'수정' 모드로 설정되어 있기 때문에 발생하는 문제입니다. 이런 경우 Insert 를 눌러 '삽입' 모드로 전환해 보세요.
중간에 글자를 추가해도 뒷글자가 지워지지 않습니다.

❻ Delete (딜리트 키)

텍스트 입력 커서의 오른쪽 글자를 지울 때 사용합니다.

> **Tip** |
> Delete (딜리트 키)와 Backspace, ← (백스페이스 키)의 차이점은 무엇일까요? 두 키 모두 '삭제' 기능을 가지고 있지만 글자를 지우는 방
> 향이 다릅니다.
> • Backspace : 오른쪽에서 왼쪽(←)으로 글자를 지웁니다.
> • Delete : 왼쪽에서 오른쪽(→)으로 글자를 지웁니다.

03 키보드 입력 순서 익히기

키보드로 글자를 입력할 때는 '입력 순서'가 중요합니다. 연필로 종이에 글자를 쓰는 순서대로 키보드의 키를 눌러야 합니다.

예를 들어 '홍길동'을 입력할 때는 ㅎ ㅗ ㅇ ㄱ ㅣ ㄹ ㄷ ㅗ ㅇ 키를 순서대로 눌러야 합니다. 만약 순서를 지키지 않고 키를 누른다면 의도한 글자를 입력할 수 없습니다.

순서대로 입력한 경우	순서대로 입력하지 않은 경우
ㅎ ㅗ ㅇ ㄱ ㅣ ㄹ ㄷ ㅗ ㅇ ↓ 홍길동	ㅗ ㅎ ㅇ ㅣ ㄹ ㄱ ㄷ ㅗ ㅇ ↓ ㅎ읽동

04 타자연습으로 키보드 자판 익히기

키의 개수와 기능이 많아 어렵고 복잡하게 느껴지나요?

모든 키의 기능을 알고 활용하면 좋겠지만, 그보다 더 중요한 것은 문자를 정확하게 입력하는 것입니다. 키의 기능을 모두 한꺼번에 외우려 노력하기보다 '운지법'을 익혀 문자를 올바르게 입력하는 것에 집중해 봅시다.

'운지법'은 문자를 효과적으로 입력할 수 있도록 각각의 키를 정해진 손가락으로 누르는 방법을 의미합니다. 즉, 한 손가락으로만 키를 입력하는 것이 아니라 열 손가락 모두를 골고루 사용해야 합니다.

키를 정확하고 빠르게 누르는 방법을 알아봅시다.

'한컴 타자연습' 앱으로 연습하기

컴퓨터에 '한글과컴퓨터'가 설치된 경우, '한컴 타자연습' 앱을 사용할 수 있습니다. '한컴 타자연습' 앱은 각 키에 해당하는 손가락의 사용을 바르게 익힐 수 있도록 도와줍니다. 한글과컴퓨터 홈페이지에서 '한컴 타자연습' 설치 파일을 무료로 다운로드할 수 있습니다.

1 웹 브라우저를 실행해 포털 사이트에서 '한글과컴퓨터'를 검색한 후 '한글과컴퓨터 공식 홈페이지'를 클릭합니다.

2 홈페이지 하단의 [한컴 타자연습]을 클릭한 후 [(구) 한컴 타자연습 다운로드]를 클릭합니다.

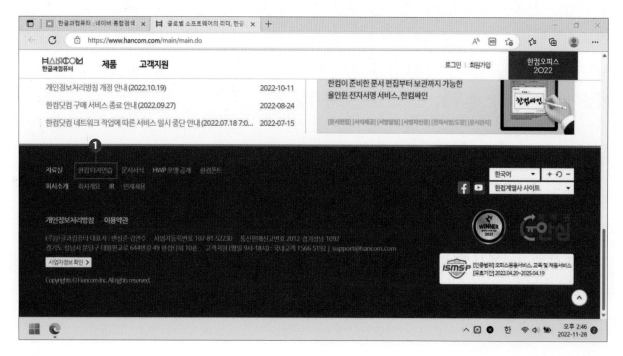

③ 상단 다운로드 알림 표시줄의 [파일 열기]를 클릭한 후 설치 창이 나타나면 [예]를 클릭합니다.

④ 설치를 진행하기 위해 [다음] 단추를 클릭한 후 '사용권 계약의 조항에 동의합니다.'를 선택하고 [다음]을 클릭합니다.

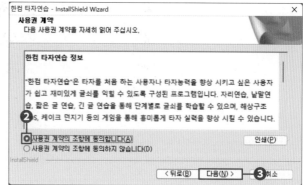

⑤ [설치]를 클릭하여 프로그램 설치가 끝나면 [완료]를 클릭합니다.

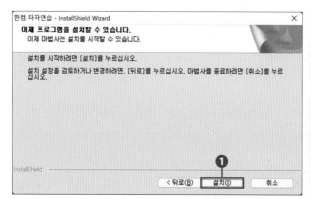

⑥ 바탕화면의 '한컴 타자연습' 바로가기 아이콘을 더블 클릭하여 앱을 실행합니다.

❶ [시작(⊞)]을 클릭하면 '시작' 메뉴가 등장합니다. 앱 목록에서 [한글과컴퓨터]-[한컴 타자연습]을 차례로 클릭합니다.

❷ [혼자하기] 클릭 후 '사용자 목록'에서 [사용자1]을 선택하고 [시작]을 마우스 왼쪽 버튼으로 클릭합니다.

- **[등록]**: 새로운 사용자를 추가할 수 있습니다.
- **[편집]**: 선택한 사용자의 '이름, 목표 타수, 목표 정확도'를 변경할 수 있습니다.
- **[삭제]**: 선택한 사용자를 삭제할 수 있습니다.

❸ 가장 먼저 [자리연습]으로 글자판의 위치를 익힙니다. [시작]을 클릭하세요. 키보드 아래의 숫자를 클릭하면 1~8 단계 중 원하는 단계를 선택해 연습할 수 있어요.

④ 화면을 보고 키보드에 똑같이 손가락을 올립니다. 화면에 나타나는 문자를 입력해야 하는데, 키보드 이미지 위에 빨간 점으로 표시되므로 쉽게 따라 누를 수 있습니다. 연습이 모두 끝나면 [닫기(■)]를 클릭해 앱을 종료합니다.

Q
&A 단어나 문장연습도 할 수 있나요?

[자리연습]으로 키의 위치를 익혔다면 [낱말연습], [짧은글연습], [긴글연습]을 클릭하면 좀 더 긴 문자를 연습해 볼 수 있어요.

Q&A 알파벳(영어) 키를 연습하고 싶어요.

영어 글자판도 연습할 수 있어요. [설정/통계]를 클릭하고 '글자판 선택'의 [한글]을 클릭하면 [영어]로 변경됩니다. [돌아가기]를 클릭하면 영어로 타자연습을 할 수 있습니다.

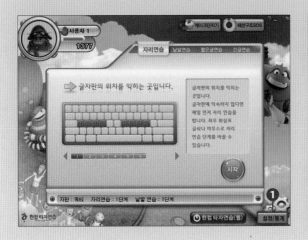

차곡차곡 실력 쌓기

각각의 상황에서 어떤 키를 눌러야 할지, [보기] 중 골라 적어 보세요.

┌─ [보기] ─────────────────────────────────┐
│ Backspace , Insert , CapsLock , Ctrl , Spacebar │
└──┘

① 영어 알파벳이 대문자로 입력되는 상황에서 소문자를 입력하려면? (   )

② 문자 입력 커서 앞에 있는 글자를 지우려면? (   )

③ 복사, 붙여넣기를 하기 위해 C , V 와 함께 누르는 조합 키는? (   )

④ 띄어쓰기를 하려면? (   )

⑤ 중간에 글자를 입력할 때 뒷글자가 지워지면? (   )

정답 ① CapsLock , ② Backspace , ③ Ctrl , ④ Spacebar , ⑤ Insert

컴퓨터, 어떻게 다뤄야 할까?

컴퓨터의 전원을 켜고 끄는 방법을 배우고, 가장 많이 사용하는 '시작' 메뉴와 '작업 표시줄'에 대해 알아봅니다. 컴퓨터로 작업하기 전 반드시 익혀야 하는 내용을 소개합니다.

<u>03</u>

안녕 컴퓨터!
전원 켜고 끄기

컴퓨터 전원을 켤 때는 어떻게 해야 할까요?

> 전원 버튼을 누르면 되죠!

맞아요. 본체에 있는 전원 버튼을 누르면 컴퓨터가 켜집니다. 그렇다면 컴퓨터 전원을 끌 때는 어떻게 해야 할까요?

> 음… 전원 버튼을 다시 누르면 되나요?

그렇지 않아요. TV, 청소기, 스마트폰과 같은 전자기기의 경우, 전원을 켜고 끌 때 간단히 '전원' 버튼을 누르기만 하면 되지만 컴퓨터의 전원을 끌 때는 버튼만 눌러서는 안 됩니다.

컴퓨터를 제대로 제대로 사용하려면 가장 먼저 전원을 켜고 끌 줄 알아야 합니다. 여기서는 전원을 켜고 끄는 방법을 정확하게 알려주고, 전원을 켠 후 가장 처음 보게 되는 '바탕 화면'에 대해서도 자세히 설명해 드릴게요.

01 컴퓨터 전원 켜기

컴퓨터를 켜는 방법은 정말 간단하고 쉬워요. 전원 버튼만 누르면 된답니다. 바로 시작해 볼까요?

01 전원 버튼의 위치 살펴보기

데스크톱 컴퓨터의 전원 버튼은 본체에, 노트북 컴퓨터의 전원 버튼은 주로 키보드의 오른쪽 위쪽 끝에 있습니다.

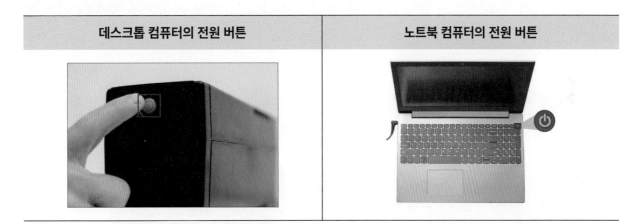

데스크톱 컴퓨터의 전원 버튼	노트북 컴퓨터의 전원 버튼

02 전원 켜기

전원 버튼을 2초 이상 누릅니다. 본체에서 소리가 나면서 모니터 화면에 여러 정보가 나타나는 '부팅' 상태로 전환됩니다. 조금만 기다리면 컴퓨터가 완전히 켜져 바탕 화면이 보입니다.

미니 사전 **부팅(Booting)**

보조 기억 장치인 하드디스크를 사용하여 시스템에 운영 체제를 불러오는 과정으로, 컴퓨터가 동작할 수 있게 준비하는 작업입니다.

02 바탕 화면 살펴보기

전원을 켰을 때 가장 먼저 보이는 화면을 '바탕 화면'이라고 해요. 각종 앱이나 파일의 아이콘을 배치하거나, 배경을 원하는 대로 설정할 수도 있답니다.

01 바탕 화면

컴퓨터를 실행했을 때, 모니터에 처음 보이는 화면 전체를 '바탕 화면'이라고 합니다. 바탕 화면에는 각종 앱(프로그램)과 파일, 폴더가 놓여 있습니다. 각각의 아이콘을 클릭해 앱을 실행하거나, 파일 및 폴더를 열어 볼 수도 있습니다.

바탕 화면의 배경, 색상 등을 변경할 수도 있습니다. 내가 원하는 배경을 설정하고 아이콘의 크기를 변경하는 방법은 각각 71쪽, 76쪽에서 알아보겠습니다.

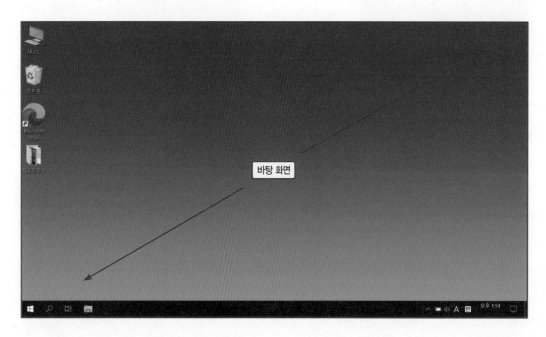

02 '시작' 메뉴

[시작(⊞)]을 클릭하면 '시작' 메뉴가 나타납니다. 컴퓨터에 설치된 앱을 확인·실행하거나
설정을 변경할 수 있습니다. 자세한 내용은 65쪽에서 다루겠습니다.

03 작업 표시줄

바탕 화면에 위치한 막대 줄로, 현재 작업 중인 앱을 표시하고 자주 사용하는 앱의 아이콘을
고정할 수 있습니다. 작업 표시줄을 잘 활용하면 컴퓨터 작업을 훨씬 수월하게 할 수 있습니
다. 자세한 내용은 82쪽에서 다루겠습니다.

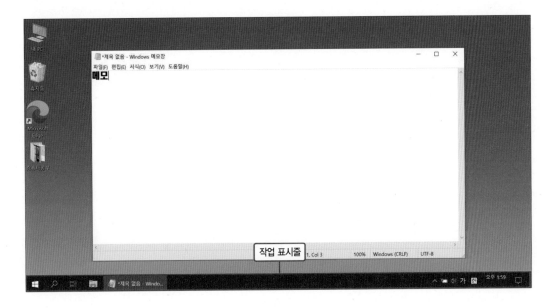

04 알림 영역

윈도우의 업데이트 현황이나 앱의 알림 정보 등을 확인할 수 있습니다. 자주 사용하는 설정 아이콘이 표시됩니다.

03 안전하게 컴퓨터 종료하기

혹시 본체의 '전원' 버튼을 눌러 컴퓨터를 종료하고 있지는 않았나요? 그렇다면 이 부분을 꼭! 읽어 주세요. 컴퓨터를 켤 때처럼 전원 버튼을 눌러서 끄면 안 되거든요. 여기서는 컴퓨터를 올바르게 종료하는 방법에 대해 알려줄게요.

01 컴퓨터 종료하기

불필요한 에너지 소모를 막고 실행 중이던 작업을 완벽하게 마치려면 컴퓨터 시스템을 '안전하게' 종료해야 합니다. 전원 버튼을 누르지 않고 전원을 올바르게 끄는 방법을 알아봅시다.

컴퓨터를 종료하기 전, 작업 중이던 파일을 저장해야 한다는 것을 잊어서는 안 돼요!

무작정 따라하기

❶ [시작(⊞)]을 클릭하고 [전원(⏻)]을 선택합니다.

② [시스템 종료]를 클릭하면 실행 중이던 앱이 모두 종료되고 컴퓨터 전원이 꺼집니다.

 Q&A **본체에 있는 전원 버튼을 눌러도 꺼지는데 꼭 이렇게 종료해야 하나요?**

본체의 전원 버튼을 눌러 컴퓨터를 끄는 것은 '강제 종료'라고 합니다. 컴퓨터는 아직 전원을 끌 준비가 되지 않았는데, 갑작스럽게 종료되는 것이지요. 따라서 열심히 작업 중이던 파일이 제대로 저장되지 않을 수 있습니다. 심각한 경우에는 컴퓨터가 손상될 수도 있어요. 그러니 반드시 올바른 방법으로 컴퓨터를 종료하도록 합시다!

02 컴퓨터 다시 시작하기

컴퓨터를 종료했다가 다시 켜고 싶을 때, [다시 시작]을 이용하면 전원을 끄고 켜는 동작을 두 번 할 필요가 없습니다. [다시 시작]을 클릭하면 컴퓨터가 종료되었다가 자동으로 다시 켜지기 때문입니다.

1 [시작(⊞)]을 클릭하고 [전원(⏻)]을 선택합니다.

2 [다시 시작]을 클릭하면 실행 중이던 작업이 모두 종료되고 컴퓨터 전원이 꺼졌다가 자동으로 다시 켜집니다.

Tip | [다시 시작]도 컴퓨터를 완전히 종료했다가 전원을 다시 켜는 것이므로, 종료하기 전 작업 중이던 파일을 꼭 저장해 두세요.

03 절전 상태로 변경하기

컴퓨터로 작업하다가 잠시 다른 일을 하거나 자리를 비워야 할 때, 컴퓨터를 완전히 종료하지 않고 대기 상태를 유지하도록 할 수 있습니다. 최소한의 기능만 켜져 있으므로 전기가 적게 소모됩니다. 노트북의 경우 배터리를 절약할 수 있겠죠?

무작정 따라하기

❶ 문서 작업을 하다가 잠시 자리를 비우려고 합니다. 컴퓨터를 완전히 종료하는 대신 '절전' 상태로 변경해 봅시다.

❷ [시작(⊞)]을 클릭합니다. [전원(⏻)]-[절전]을 차례대로 선택하세요.

❸ 바탕 화면이 까맣게 변합니다. 컴퓨터가 종료된 것처럼 보이지만 '절전' 상태로 전환된 것입니다. 키보드를 누르거나 마우스를 움직이면 바탕 화면이 다시 켜지면서 [절전]을 클릭하기 전의 상태로 돌아옵니다.

① 절전 상태 화면

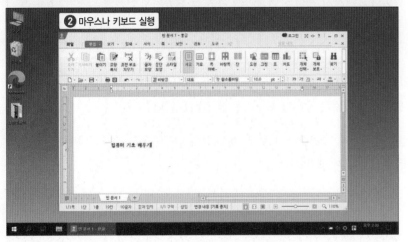

② 마우스나 키보드 실행

Tip | 사용자 계정에 암호를 설정해 두었다면 '절전' 상태에서 돌아올 때 바탕 화면이 아닌 '로그인' 화면이 나타납니다. 설정한 암호를 입력하면 바탕 화면을 다시 볼 수 있어요. 암호 설정 방법은 186쪽의 <차곡차곡 실력 쌓기>에서 자세히 다룹니다.

04

컴퓨터 사용의
'시작'은 여기서부터

컴퓨터 작업을 할 때 제일 많이 클릭하는 아이콘은 무엇일까요? 아마 [시작(⊞)]일 거예요.

앱을 실행하는 경우, 시스템을 설정하고 사용자 계정을 변경하는 경우, 또 컴퓨터의 전원을 끄거나 다시 시작하는 작업을 하려면 [시작(⊞)]을 클릭해야 해요. [시작(⊞)]이 얼마나 자주 사용되는지 알 수 있겠죠?

'시작' 메뉴에는 많은 앱과 타일이 있어서 자칫 복잡해 보일 수도 있지만 하나씩 살펴보면 오히려 컴퓨터를 쉽고 편리하게 다룰 수 있도록 도와주는 유용한 친구라는 걸 알게 된답니다.

'시작' 메뉴만 제대로 익혀도 컴퓨터 사용에 자신감이 붙을 거예요. 이제 본격적으로 컴퓨터 활용의 '시작' 단계에 돌입해 볼까요? 크게 한번 외쳐 볼까요?

"컴퓨터, 나도 할 수 있다!"

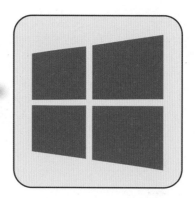

작은 버튼이지만 놀랄 만큼 많은 앱과 메뉴를 감추고 있답니다. 컴퓨터를 능숙하게 다루고 싶다면 '시작' 메뉴와 친해져 봅시다.

01 '시작' 메뉴 살펴보기

'시작' 메뉴에는 많은 기능이 담겨 있어요. '시작' 메뉴를 사용하지 않고는 컴퓨터를 제대로 활용할 수 없을 정도예요.
어떤 기능이 숨겨져 있는지 차근차근 알아봅시다.

01 '시작' 메뉴의 화면 구성 살펴보기

❶ **시작**: '시작' 메뉴가 나타납니다. ┤ Tip │ 키보드의 ⊞를 눌러도 '시작' 메뉴가 나타납니다.

❷ **사용자 계정**: 현재 컴퓨터에 로그인되어 있는 사용자 계정을 확인할 수 있습니다.

❸ **설정**: 'Windows 설정' 창이 나타납니다. 컴퓨터의 설정을 변경할 수 있습니다.

❹ **전원**: 컴퓨터를 종료할 수 있습니다. 다시 시작하거나 절전 상태로 변경할 수도 있습니다.

❺ **확장**: ▬를 클릭하면 ❷~❹ 메뉴가 확장되어 '아이콘 + 이름'으로 표시됩니다.

❻ **앱 목록**: 컴퓨터에 설치된 모든 앱을 찾아볼 수 있습니다. 가장 위에는 '최근에 추가된 앱'이 나타나
고, 그 아래에는 기존에 설치된 앱이 '알파벳' → '가나다' 순서로 표시됩니다. 앱을 목록에서 찾아 클
릭하면 앱을 실행할 수 있습니다.

❼ **시작 화면**: 자주 사용하는 앱을 '시작 화면에 고정'하면 시작 화면에 타일 형식으로 표시됩니다.

02 앱 실행하기

'시작' 메뉴의 앱 목록에서 앱을 찾아 클릭하면 앱이 실행됩니다.

무작정 따라하기

❶ 문서를 작성하기 위해 '한글 2020' 앱을 실행해 봅시다. [시작(⊞)]을 클릭한 후 '시작' 메뉴의 앱 목록에서 '한글 2020' 앱을 찾습니다. 사용하는 버전에 따라 '한글 2018'과 같이 한글 뒤에 숫자가 다를 수 있어요. 만약 '한글' 앱이 없다면 다른 앱으로 실습을 따라해도 됩니다.

> **Tip** | 앱 목록 위에 마우스 커서를 두고 '마우스 휠'을 움직이면 목차를 아래, 위로 움직일 수 있어요.

❷ [한글 2020]을 클릭하면 앱이 실행됩니다.

03 시작 화면에 앱 고정하기

자주 사용하는 앱을 시작 화면에 고정해 보겠습니다. [시작(⊞)]만 누르면 앱을 바로 볼 수 있으므로 앱 목록에서 앱을 매번 찾지 않아도 됩니다.

무작정 따라하기

1 '한글 2020' 앱을 시작 화면에 고정해 봅시다. 앱 목록에서 '한글 2020'을 찾아 마우스 오른쪽 버튼으로 클릭하고 [시작 화면에 고정]을 선택하세요.

2 오른쪽 시작 화면에 '한글 2020' 앱이 고정된 것을 확인할 수 있습니다. 클릭해 볼까요? 짜잔! 앱이 바로 실행됩니다.

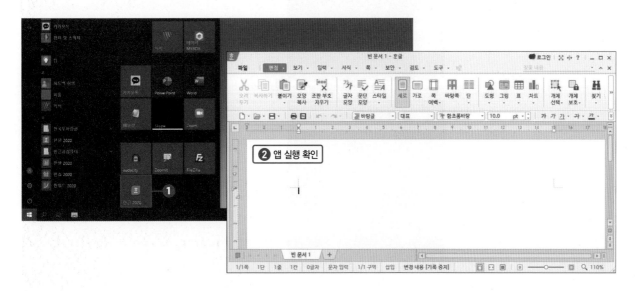

067

04 시작 화면의 앱 타일 크기 변경하기

시작 화면의 앱 타일의 크기를 '크게' 또는 '작게' 설정할 수 있습니다. 앱을 쉽게 선택하려면 '크게', 사용하기 편리하게 모아두려면 '작게' 설정해 사용하세요.

크기	앱타일
작게	
크게	
보통	
넓게	

1 시작 화면에 고정된 '날씨' 앱의 타일 크기를 키워 봅시다. [시작(⊞)]을 클릭하고 시작 화면의 '날씨' 앱을 마우스 오른쪽 버튼으로 클릭합니다.

2 [크기 조정] 위에 마우스 커서를 올린 후 [크게]를 클릭합니다.

3 앱 타일의 크기가 '크게' 변경되었습니다.

Tip | 자신의 필요에 맞게 '작게' 혹은 '넓게' 변경할 수도 있어요.

05 시작 화면의 앱 타일 위치 변경하기

시작 화면의 앱 타일을 원하는 위치로 옮길 수 있습니다.

무작정 **따라하기**

❶ 시작 화면에 있는 '한글 2020' 앱 타일의 위치를 옮겨 봅시다. '한글 2020' 앱 타일을 마우스 왼쪽 버튼으로 꾹 누르고 옮기고자 하는 공간으로 드래그 합니다.

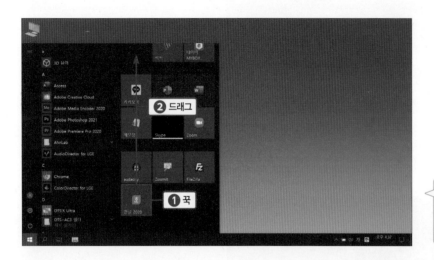

> **Tip** | 마우스를 움직일 때 마우스 버튼에서 손을 떼면 안 돼요! 계속 누른 상태로 움직이세요.

❷ 마우스 왼쪽 버튼에서 손을 떼면 앱 타일이 그 자리로 이동합니다.

차곡차곡 실력 쌓기

배운 내용을 영상을 통해서 정리해 봅시다. ▶

02 Windows(윈도우) 설정하기

여러 컴퓨터의 바탕 화면을 살펴보면 100% 똑같은 바탕 화면을 찾기 어려울 정도로 배경, 색, 화면 크기 등이 조금씩 달라요. 'Windows 설정'에서 여러 가지 설정을 내 맘대로 변경할 수 있기 때문이죠.

01 바탕 화면 배경 바꾸기

컴퓨터를 할 때 가장 많이 보게 되는 바탕 화면! 직접 찍은 사진이나 예쁜 이미지를 넣어 꾸밀 수 있습니다.

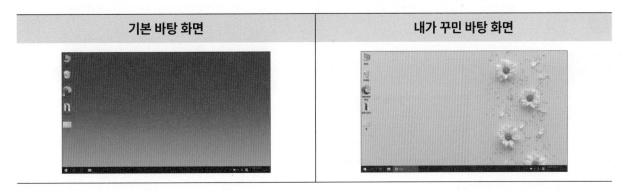

기본 바탕 화면	내가 꾸민 바탕 화면

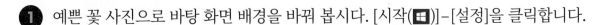

무작정 따라하기

❶ 예쁜 꽃 사진으로 바탕 화면 배경을 바꿔 봅시다. [시작(⊞)]-[설정]을 클릭합니다.

4

컴퓨터 사용의 '시작'은 여기서부터

071

2 'Windows 설정' 창이 나타나면 [개인 설정]을 클릭합니다.

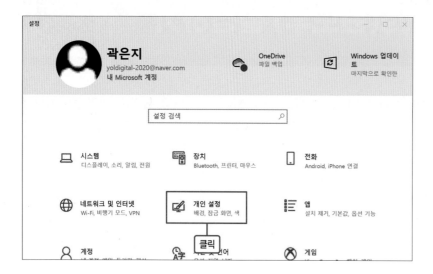

3 '배경'을 [사진]으로 선택 한 후 [찾아보기]를 클릭합니다.

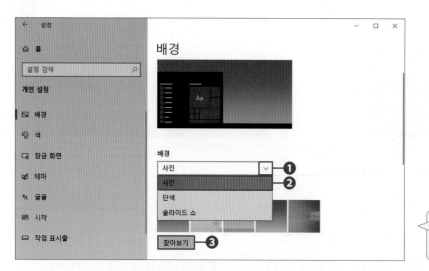

> **Tip** | [사진], [단색], [슬라이드 쇼]
> 중 선택할 수 있어요.

- **사진**: 윈도우에서 기본으로 제공하는 사진이나 컴퓨터에 저장된 사진으로 변경합니다.
- **단색**: 원하는 색으로 변경합니다.
- **슬라이드 쇼**: 여러 개의 사진이 계속 스쳐 지나갑니다. 사진이 변경되는 시간을 지정할 수 있습니다.

4 '열기' 창이 나타나면 배경으로 사용할 사진 파일을 선택하고 [사진 선택]을 클릭합니다.

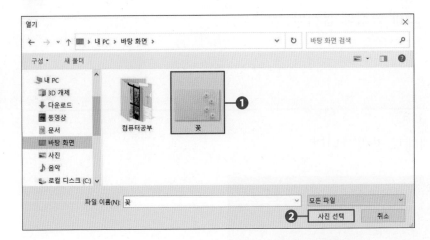

5 바탕 화면이 선택한 사진으로 변경되었습니다.

02 글자와 아이콘 크게 보기

바탕 화면의 글자 크기가 너무 작아서 잘 보이지 않아 답답한가요? 글자의 크기를 보기 편하게 크게 키워 봅시다. 바탕 화면의 '아이콘'이나 '앱'도 크게 볼 수 있도록 설정할 수 있습니다.

▲ 기본 크기

▲ 텍스트 190% 확대

▲ 모든 항목 175% 확대

텍스트(글자) 확대

화면에 보이는 텍스트 크기를 '크게' 설정해 봅시다.

무작정 따라하기

1 [시작(⊞)]-[설정]을 차례대로 클릭합니다.

2 'Windows 설정' 창이 나타나면 [접근성]을 클릭합니다.

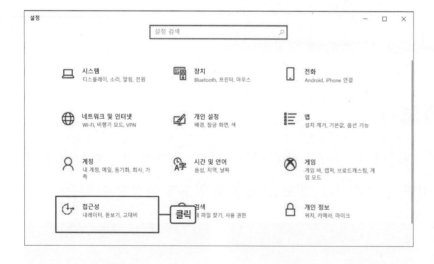

❸ '텍스트 확대' 아래에 있는 슬라이더 바를 마우스로 왼쪽, 오른쪽으로 드래그해 텍스트의 크기를 조절합니다.

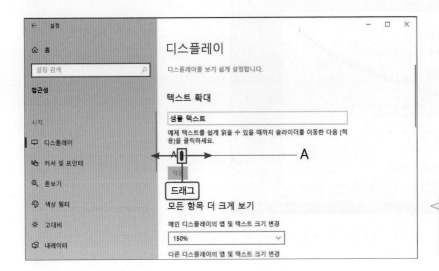

Tip | 슬라이더 바를 오른쪽으로 옮기면 텍스트의 크기가 커지고, 왼쪽으로 옮기면 작아져요.

❹ '샘플 텍스트'를 보며 텍스트 크기를 확인하고, 원하는 크기가 되었을 때 슬라이드 바의 이동을 멈추기 위해 마우스 왼쪽 버튼에서 손을 뗍니다.

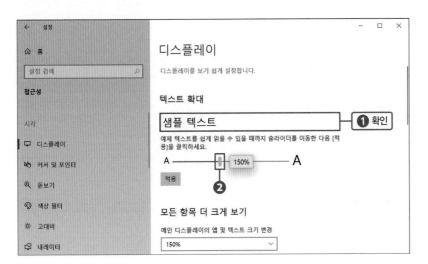

⑤ [적용]을 클릭하면 모든 텍스트가 확대됩니다.

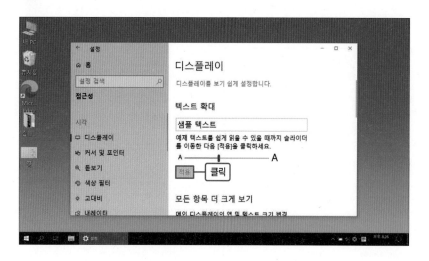

모든 항목 더 크게 보기

텍스트뿐만 아니라 화면에 보이는 모든 항목의 크기를 크게 바꿀 수 있습니다. 앱과 텍스트의 크기를 크게 설정해 봅시다.

무작정 따라하기

① 스크롤을 내려 '모든 항목 더 크게 보기' 설정을 찾습니다. '메인 디스플레이의 앱 및 텍스트 크기 변경' 아래의 ⌄를 클릭합니다.

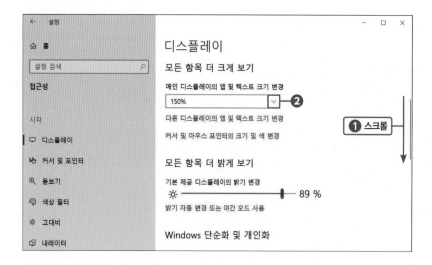

2 '100%', '125%', '150%', '175%' 중 원하는 배율을 선택합니다.

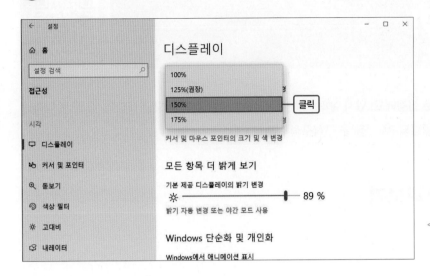

> **Tip** | 100%가 기본 설정 배율이며, 숫자가 커질수록 크게 보여요.

3 모든 항목이 확대됩니다.

차곡차곡 실력 쌓기

배운 내용을 영상을 통해서 정리해 봅시다. ▶

03 창 다루기

윈도우에서 하는 모든 작업은 '창'으로 실행돼요. 앞서 살펴보았던 'Windows 설정'도 네모난 모양의 '창'으로 나타났죠? '메모장', '한글' 앱 또한 '창'으로 실행되고요. '창'을 구석구석 살펴봅시다.

01 '창'의 구성 요소 살펴보기

창의 각 요소에 대해 알아봅니다.

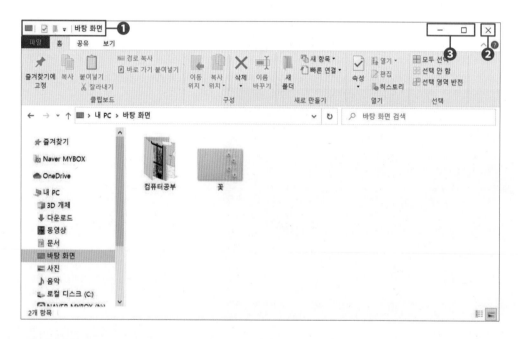

❶ **제목 표시줄**: 현재 열려 있는 창의 제목이 나타납니다.

❷ **닫기**: 현재 실행 중인 창을 종료합니다.

❸ **화면 조절 버튼**

• **최소화(⎯)**: 바탕 화면에 보이는 창을 작업 표시줄로 숨길 수 있습니다.

• **최대화, 이전 크기로 복원(▢, ◰)**: 창 뒤로 바탕 화면이 보이는 상태에서 ▢를 클릭하면 창이 바탕 화면 가득 차게 표시됩니다. 창의 최대화 상태에서 다시 ◰을 클릭하면 '이전 크기로 복원'되어 최대화 이전의 크기로 되돌릴 수 있습니다.

▲ '최소화'되어 창이 보이지 않는 상태

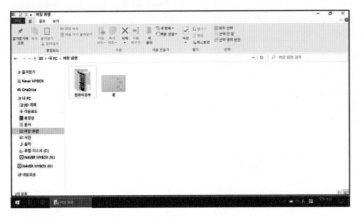

▲ '최대화'되어 창이 화면을 가득 채운 상태

Q&A [최소화]를 클릭하면 바탕 화면에서 창이 사라져요. [닫기]와 어떻게 다른가요?

[최소화(-)]는 창을 작업 표시줄에 '쏙' 넣어두는 것과 같아요. 그래서 바탕 화면에서 창이 사라진 것처럼 보이더라도, 작업 표시줄에서 숨긴 창의 아이콘을 클릭하면 창이 '뿅' 하고 다시 나타난답니다.

하지만 [닫기(×)]는 창을 완전히 종료하는 것이랍니다. 따라서 [닫기(×)]를 클릭하고 나면 작업 표시줄에서 찾을 수 없어요.

최소화	닫기

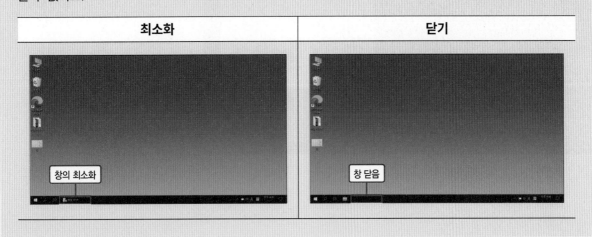

02 창 옮기기

창을 원하는 위치로 이동할 수 있습니다.

무작정 **따라하기**

❶ 창을 왼쪽에서 오른쪽으로 옮겨 봅시다. 창의 '제목 표시줄'에 마우스 커서를 올린 후
마우스 왼쪽 버튼을 누른 상태로 오른쪽으로 드래그합니다.

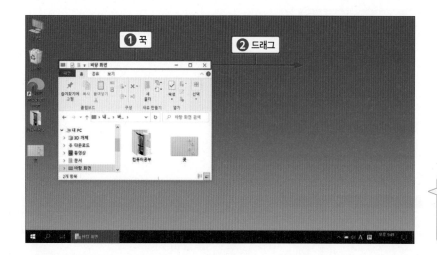

Tip | 마우스를 움직일 때 마우스 버튼에서 손을 떼면 안 돼요! 계속 누른 상태로 움직이세요.

❷ 원하는 위치로 창을 옮긴 후 마우스 왼쪽 버튼에서 손을 떼면 창의 위치가 변경됩니다.

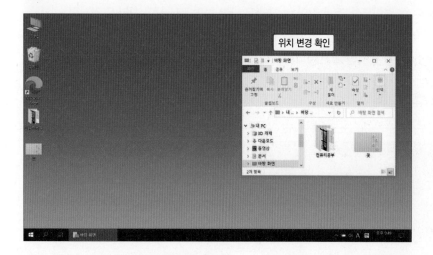

03 창의 크기 조절하기

창을 원하는 크기로 변경할 수 있습니다. 이용하기 편한 크기로 바꿔 보세요.

무작정 따라하기

① 창의 외곽선에 마우스 커서를 놓으면 커서가 '↔' 모양으로 바뀝니다. 이때 마우스 왼쪽 버튼을 눌러 드래그합니다. 창의 바깥쪽으로 드래그하면 크기가 커지고, 안쪽으로 드래그하면 크기가 작아집니다.

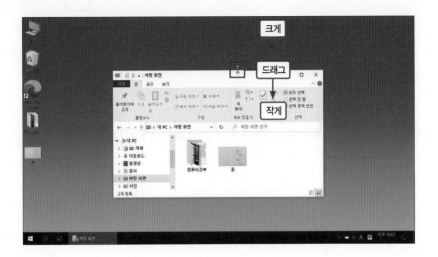

② 창이 원하는 크기로 조절되면 마우스 왼쪽 버튼에서 손을 뗍니다.

Tip | 창의 꼭짓점에 마우스 커서를 놓고 드래그하면 창의 가로, 세로 크기를 한꺼번에 늘리거나 줄일 수 있어요.

05

똑똑한 막대 줄
'작업 표시줄'

윈도우 바탕 화면 아래에는 가로로 긴 막대 줄이 있어요. 이 막대 줄의 이름은 '작업 표시줄'이에요. 이 작업 표시줄은 왜 있는 걸까요?

스마트폰 화면을 떠올려 봅시다. 화면 아래에 전화, 문자, 인터넷 등 자주 사용하는 앱이 고정되어 있어요. 그래서 여러 개의 앱 중에서 번거롭게 찾을 필요 없이, 바로 눌러 쉽고 빠르게 실행할 수 있죠. 이처럼 바탕 화면의 '작업 표시줄'에도 자주 사용하는 앱을 '고정' 해 놓을 수 있어요.

또한 '검색 상자'를 통해 파일이나 앱을 찾을 수도 있고 '날짜와 시간', '알람'을 확인할 수도 있어요. 간단한 설정도 빠르게 변경할 수 있고요!

컴퓨터를 쉽고 편리하게 사용할 수 있도록 '작업 표시줄'의 다양한 기능을 알아볼까요?

▲ 스마트폰 화면 미래의 고정 앱

▲ 컴퓨터 작업 표시줄

01 작업 표시줄의 다양한 기능

작업 표시줄은 전체 화면에서 좁은 영역을 차지하지만 매우 다양한 기능을 수행하고 있습니다. 바탕 화면에서 보이지 않는 앱을 어떻게 실행하려면 어떻게 해야 할까요? 작업하던 창이 갑자기 바탕 화면에서 사라져 당황했던 적이 있나요? 작업 표시줄의 기능을 알면 쉽게 해결할 수 있습니다. 하나씩 자세히 알아봅시다.

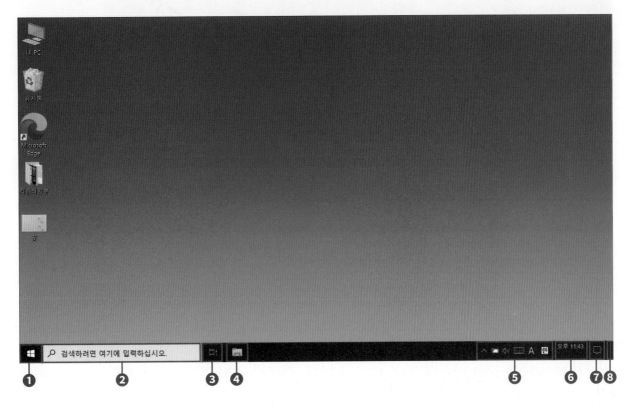

1 시작 단추 **2** 검색 상자 **3** 작업 보기 **4** 앱 아이콘 **5** 시스템 아이콘

6 날짜와 시간 **7** 알림센터 **8** 바탕 화면 보기

5

똑똑한 막대줄 '작업 표시줄'

01 시작

'시작' 메뉴를 열어 윈도우 기능을 설정하고, 컴퓨터에 설치된 앱을 모두 확인할 수 있습니다.

❶ 사용자 계정 확인( ) / 윈도우 설정( ) / 전원( )

❷ 앱 목록: 컴퓨터에 설치된 앱이 나타납니다.

❸ 시작 화면: 자주 사용하는 앱을 타일 형태로 고정합니다.

02 검색 상자

컴퓨터에 저장된 모든 항목을 찾을 수 있습니다. 컴퓨터 내의 앱이나 파일뿐만 아니라, 해당 검색어와 관련된 인터넷 검색 내용까지 제공합니다.

무작정 따라하기

❶ '메모장'을 검색해 봅시다. 검색 상자에 '메모장'을 입력하면 검색어 '메모장'과 관련된 앱과 파일을 모두 찾을 수 있습니다. 검색 결과 중 '메모장' 앱을 클릭하세요.

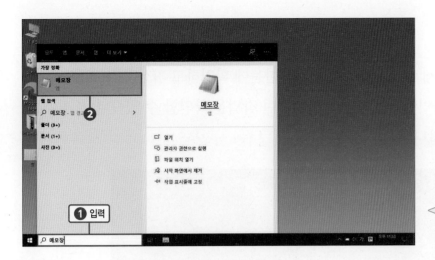

Tip | 오른쪽의 [열기]를 클릭해도 '메모장' 앱이 실행됩니다.

2 '메모장' 앱이 실행되었습니다.

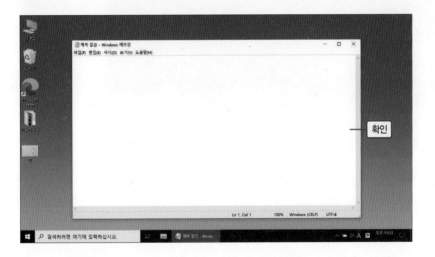

확인

Q&A **작업 표시줄에 검색 상자가 없어요.**

작업 표시줄 설정에 따라서 '검색 상자' 대신 '돋보기 아이콘'으로 보이기도 해요. 작업 표시줄에 보이지 않는 '숨김' 상태일 수도 있고요. 검색 상자 설정을 변경하는 방법은 91쪽을 참고하세요.

03 작업 보기

[작업 보기(⊞)]를 클릭해 현재 실행 중인 모든 앱을 한눈에 확인하고 가상 데스크톱을 추가할 수 있습니다. 또한, 타임라인에서는 최근에 실행했던 작업을 확인할 수 있습니다. 최대 30일 동안 작업한 내역이 나타납니다.

**미니
사전** 📖 **가상 데스크톱**

'가상 데스크톱'을 이용하면 여러 개의 바탕 화면을 만들어 한 대의 컴퓨터를 여러 대처럼 사용할 수 있어요. 동시에 많은 앱을 실행해서 작업할 때 유용한 기능이에요.

04 앱 아이콘

작업 표시줄에 고정된 앱 아이콘이나 현재 실행 중인 앱 아이콘과 이름이 표시됩니다.

  미니 사전 **아이콘(Icon)**

컴퓨터에서 사용하는 일종의 기호로, 정보를 함축하고 있는 작은 그림이에요. 지시하는 대상을 간략한 그림으로 나타내서 정보를 빠르고 정확하게 전달해줘요.

▲ 화장실 입구를 나타내는 남녀 아이콘

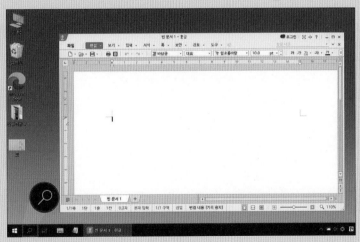

▲ 검색 기능을 나타내는 돋보기 아이콘

05 시스템 아이콘

네트워크, 볼륨, 한/영 전환, 입력기 등의 아이콘이 표시됩니다. 쉽고 빠르게 설정을 변경할 수 있습니다. ▲를 클릭하면 숨겨진 시스템 아이콘을 확인할 수 있습니다.

❶ **네트워크**: 인터넷 연결 여부를 확인할 수 있습니다.

❷ **볼륨**: 소리 크기를 조절하거나 '음소거' 할 수 있습니다.

❸ **한/영 전환**: 키보드 입력 상태가 '한글'인지 '영문'인지 확인할 수 있습니다.

❹ **입력기**: 문자 입력 시스템을 통해 다양한 언어를 입력할 수 있습니다.

06 날짜와 시간

현재 날짜와 시간이 표시됩니다. 클릭하면 달력이 나타나 일정을 확인할 수 있습니다.

07 알림 센터

윈도우, 앱과 관련된 알림이 나타납니다. 화면 밝기, 네트워크 등 자주 사용하는 설정을 빠르게 변경할 수도 있습니다.

❶ 앱에서 보내는 알림의 내용을 표시합니다.

❷ 자주 사용하는 바로 가기 아이콘이 표시됩니다. 아이콘를 클릭하면 쉽고 빠르게 해당 기능을 사용할 수 있습니다.

예

- 네트워크 : 무선 인터넷(Wi-Fi)에 연결할 수 있습니다.
- **Bluetooth(블루투스)** : 블루투스로 연결된 기기를 확인하고, 연결하거나 해제할 수 있습니다.
- **모든 설정** : 윈도우 설정 창이 나타납니다.

<u>08</u> 바탕 화면 보기

[바탕 화면 보기(▮)]를 클릭하면 바탕 화면에 열려 있던 모든 창이 한꺼번에 최소화되며 즉시 바탕 화면을 볼 수 있습니다.

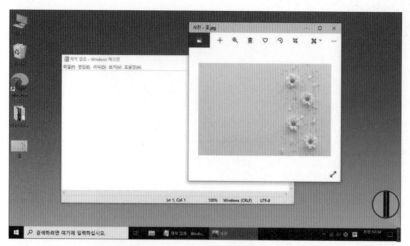

▲ [바탕 화면 보기] 클릭 전

▲ [바탕 화면 보기] 클릭 후

Q&A **[바탕 화면 보기(▮)]가 너무 작아서 클릭할 수 없어요.**

[바탕 화면 보기(▮)]는 작업 표시줄 맨 오른쪽에, 아주 작게 위치하고 있습니다. 크기가 너무 작아 클릭하기 어렵다면 '바탕 화면 보기'를 실행하는 또 다른 방법을 이용해 봅시다. 94쪽을 참고하세요.

차곡차곡 실력 쌓기   배운 내용을 영상을 통해서 정리해 봅시다. ▶

02 작업 표시줄 구성 요소 설정하기

"분명 작업 표시줄에는 '검색 상자'와 '작업 보기'가 있다고 배웠는데… 제 컴퓨터의 작업 표시줄에는 왜 없을까요?"
작업 표시줄은 컴퓨터 사용자의 설정에 따라서 다르게 보입니다. 설정에 따라 모양이 다르게 나타나거나, 숨어서 완전히 보이지 않기도 해요. 지금부터 나에게 꼭 맞는 '나만의 작업 표시줄'을 만들어 봐요.

01 '검색 상자' 설정하기

'검색 상자'는 3가지 모양으로 설정할 수 있습니다. 검색 상자가 작업 표시줄의 공간을 넓게 차지하는 것이 싫다면 '검색 아이콘 표시' 또는 '숨김' 상태로 설정해 작업 표시줄의 공간을 확보해 보세요.

설정	결과
검색 상자 표시	
검색 아이콘 표시	
숨김	

무작정 따라하기

❶ '검색 상자'를 작업 표시줄에서 숨겨봅시다. 작업 표시줄의 빈 공간을 마우스 오른쪽 버튼으로 클릭하면 작업 표시줄 설정 메뉴가 나타납니다.

2 [검색] 위에 마우스 커서를 올리면 관련 메뉴가 나타납니다. 3가지 선택 사항 중 [숨김]을 클릭합니다.

3 작업 표시줄에서 검색 상자가 사라졌습니다.

Q&A 메뉴에 마우스를 올리면 다른 항목이 나올 때가 있어요.

어떤 항목에 마우스 커서를 올렸을 때 옆에 추가 항목이 나오는 경우가 있죠? 글자 옆에 ▶ 표시가 있으면 추가 항목이 있는 것입니다. 여기에 마우스 커서를 올리거나 클릭하면 추가 항목을 확인할 수 있어요.

02 '작업 보기' 설정하기

[작업 보기()]를 작업 표시줄에 표시하거나 감출 수 있습니다.

설정	결과
[작업 보기] 표시	⊞ 🔍 검색하려면 여기에 입력하십시오. 🔲 📁 📄
[작업 보기] 표시하지 않음	⊞ 🔍 검색하려면 여기에 입력하십시오. 🔲 📁

무작정 따라하기

❶ 작업 표시줄에서 [작업 보기()]를 감춰 봅시다. 작업 표시줄의 빈 공간을 마우스 오른쪽 버튼으로 클릭하고 [작업 보기 단추 표시]를 클릭합니다.

❷ 작업 표시줄에서 '작업 보기 단추'가 사라졌습니다.

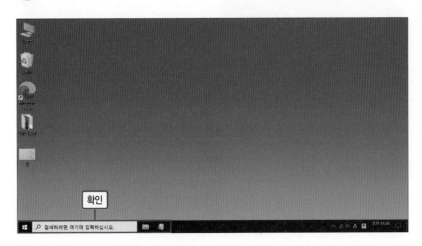

03 '바탕 화면 보기' 이용하기

작업 표시줄 오른쪽 끝에 있는 [바탕 화면 보기(▯)]의 크기가 작아 클릭하기 어렵다면 '바탕 화면 보기' 기능을 좀 더 쉽게 이용하는 방법을 알아봅시다.

무작정 따라하기

❶ 바탕 화면에 열려 있는 창을 전부 작업 표시줄로 숨겨 봅시다. 작업 표시줄의 빈 공간을 마우스 오른쪽 버튼으로 클릭하고 [바탕 화면 보기]를 클릭합니다.

❷ 모든 창이 최소화되어 바탕 화면을 볼 수 있습니다.

04 '터치 키보드 단추 보기' 설정하기

키보드가 고장 났거나 갑자기 작동이 안 되는 경우, 임시로 '터치 키보드'를 사용할 수 있습니다. 키보드의 키를 누르는 대신 화면에 나타나는 '터치 키보드'를 마우스로 클릭해 글자를 입력하는 기능입니다.

무작정 따라하기

❶ 작업 표시줄에 '터치 키보드' 아이콘을 표시해 봅시다. 작업 표시줄의 빈 공간을 마우스 오른쪽 버튼으로 클릭하고 [터치 키보드 단추 표시]를 클릭합니다.

❷ 작업 표시줄에 '터치 키보드' 아이콘이 나타납니다. 클릭해 볼까요?

③ 화면 하단에 '터치 키보드'가 나타납니다. 각각의 키를 마우스로 클릭하면 글자를 입력할 수 있습니다.

03 작업 표시줄 전체 설정하기

컴퓨터를 다룰 때 작업 표시줄을 자주 사용하므로 위치와 너비를 자신에게 맞게 설정하는 것이 좋아요.
컴퓨터 사용이 편리해지는 '나만의 맞춤 작업 표시줄'을 만들어 봅시다. 위치를 옮길 수도 있고 작업 표시줄을 사용하지 않을 때는 바탕 화면에 보이지 않도록 설정할 수도 있어요.

01 작업 표시줄의 위치 설정하기

일반적으로 작업 표시줄은 바탕 화면의 아래에 위치합니다. 하지만 꼭 이 위치에 두어야 하는 것은 아닙니다. 바탕 화면의 위와 아래, 오른쪽과 왼쪽으로 위치를 변경할 수 있습니다.

위	아래
오른쪽	왼쪽

1 화면 아래에 있는 작업 표시줄을 오른쪽으로 옮겨 봅시다. 작업 표시줄 위에 마우스 커서를 두고 마우스 왼쪽 버튼으로 꾹 누른 상태에서 오른쪽으로 드래그합니다.

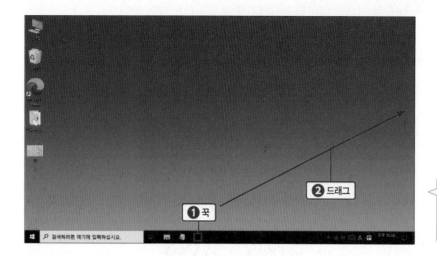

2 드래그

1 꾹

> **Tip** | 마우스를 움직일 때 마우스 버튼에서 손을 떼면 안 돼요! 계속 누른 상태로 움직이세요.

2 오른쪽으로 작업 표시줄이 이동하면 마우스 왼쪽 버튼에서 손을 뗍니다.

손 떼기

02 작업 표시줄의 크기 설정하기

작업 표시줄은 가로로 긴 막대 모양입니다. 실행 중인 앱이 많아지면 작업 표시줄에 표시되는 앱 아이콘의 수도 늘어납니다. 작업 표시줄이 앱으로 가득차서 복잡해 보인다면 작업 표시줄의 너비를 늘려 보세요. 여유 공간을 확보할 수 있습니다.

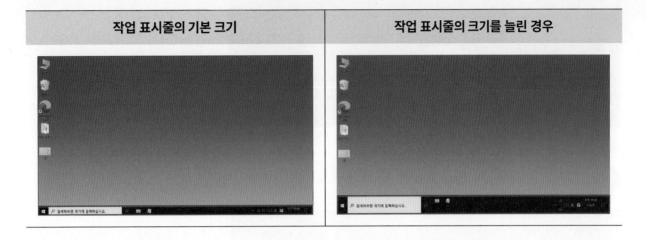

작업 표시줄의 기본 크기	작업 표시줄의 크기를 늘린 경우

무작정 따라하기

❶ 작업 표시줄의 공간을 넓혀 봅시다. 작업 표시줄의 경계 위에 마우스 커서를 올리면 마우스 커서가 '↕' 모양으로 바뀝니다. 이때 마우스 왼쪽 버튼을 누른 상태로 작업 표시줄의 너비가 넓어지도록 마우스를 위로 움직입니다.

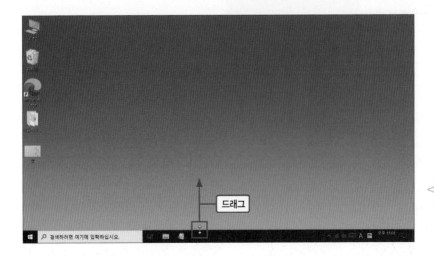

드래그

> **Tip** | 마우스를 움직일 때 마우스 버튼에서 손을 떼면 안 돼요! 계속 누른 상태로 움직이세요.

2 작업 표시줄이 원하는 만큼 넓어지면 마우스 왼쪽 버튼에서 손을 뗍니다.

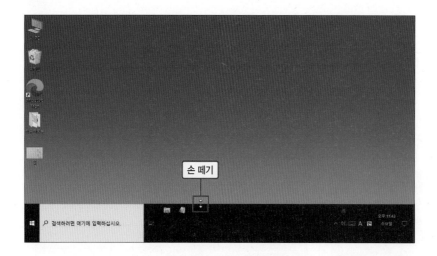

3 크기를 줄일 때는 마우스를 반대 방향으로 움직입니다.

작업 표시줄이 움직이거나 크기가 커지지 않아요.

작업 표시줄의 위치가 갑자기 바뀌거나 너비가 넓어지는 것을 방지하기 위해 [작업 표시줄 잠금] 상태로 설정해 두기도 해요. 작업 표시줄이 '잠금' 상태일 때는 작업 표시줄 위에 마우스 커서를 올리고 드래그해도 작업 표시줄의 위치나 크기가 변경되지 않습니다. 작업 표시줄의 위치와 너비를 변경하고 싶다면 '잠금' 상태를 해제하세요.

❶ 작업 표시줄의 빈 공간을 마우스 오른쪽 버튼으로 클릭합니다.

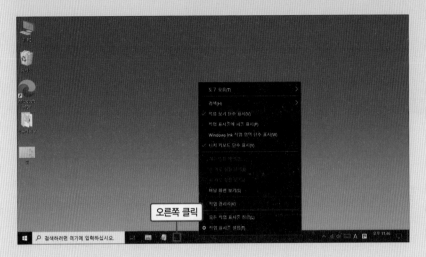

❷ 작업 표시줄이 '잠금' 상태인 경우, [작업 표시줄 잠금] 메뉴 앞에 체크(☑) 표시가 되어 있습니다. '잠금'을 해제하기 위해 [작업 표시줄 잠금]을 클릭합니다.

❸ 작업 표시줄 잠금이 해제되어 위치나 크기를 변경할 수 있습니다.

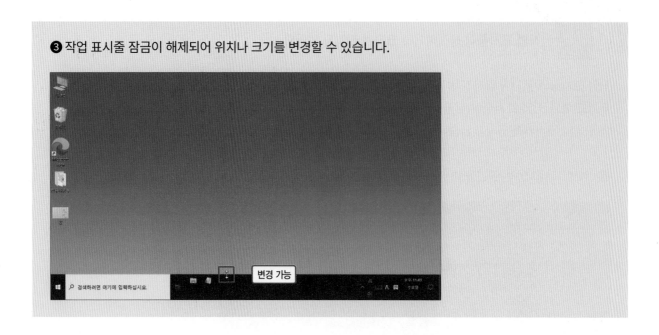

변경 가능

03 작업 표시줄 자동 숨기기

기본적으로 작업 표시줄은 바탕 화면에 항상 나타나 있습니다. 그런데 작업 표시줄이 보이지 않다가 갑자기 쑥 나타날 때도 있습니다. 작업 표시줄이 '자동 숨기기' 상태로 설정되어 있기 때문입니다.

작업 표시줄 기본 설정	작업 표시줄 자동 숨기기 설정
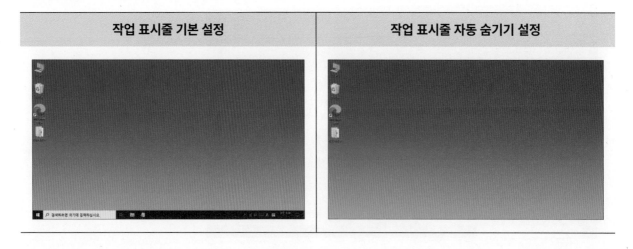	

'작업 표시줄 자동 숨기기' 상태로 설정해 놓으면 바탕 화면에 작업 표시줄이 보이지 않습니다. 하지만 작업 표시줄이 위치한 곳에 마우스 커서를 가져가면 작업 표시줄이 다시 나타납니다.

Tip | 작업을 할 때 작업 표시줄이 보이지 않으므로 화면을 넓게 이용할 수 있어요.

❶ '작업 표시줄 자동 숨기기' 상태로 설정해 봅시다. 작업 표시줄의 빈 공간을 마우스 오른
쪽 버튼으로 클릭한 후 [작업 표시줄 설정]을 클릭합니다.

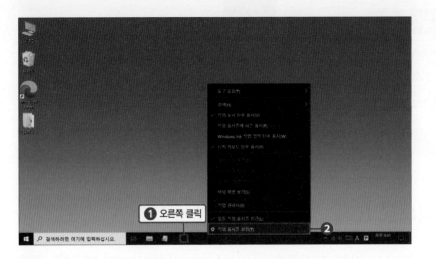

❷ 작업 표시줄 설정 창이 나타납니다. '데스크톱 모드에서 작업 표시줄 자동 숨기기'가
'끔'으로 설정되어 있다는 것을 확인할 수 있습니다. ◯▬를 클릭하세요.

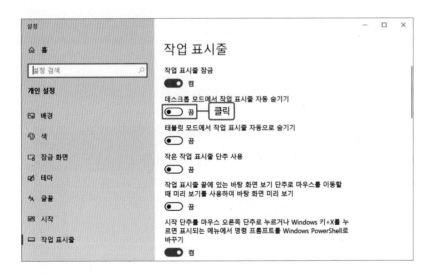

3 '켬'으로 변경되면서 바로 하단의 작업 표시줄이 사라집니다.

04 작업 표시줄 단추 하나로 표시

현재 컴퓨터에서 실행 중인 앱은 모두 작업 표시줄에 나타납니다. 따라서 여러 앱을 동시에
실행하는 경우 작업 표시줄이 복잡해집니다.

기본 상태에서는 실행 중인 '앱 아이콘'과 '앱 제목'이 표시되지만, '작업 표시줄 단추 하나로
표시' 상태로 변경하면 '앱 아이콘'만 나타납니다. '앱 제목'이 공간을 차지하지 않으므로 작업
표시줄이 훨씬 깔끔해집니다.

기본 작업 표시줄 ('앱 아이콘' + '앱 제목' 표시)	작업 표시줄 단추 하나로 표시 ('앱 아이콘'만 표시)

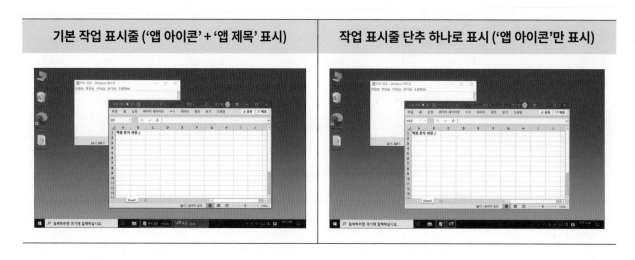

① 실행 중인 앱이 작업 표시줄에 '앱 아이콘'만으로 표시되도록 설정해 봅시다. 작업 표시줄의 빈 공간을 마우스 오른쪽 버튼으로 클릭한 후 [작업 표시줄 설정]을 클릭합니다.

② 작업 표시줄 설정 창이 나타납니다. '작업 표시줄 단추 하나로 표시'가 '안 함' 상태로 설정되어 있습니다. 오른쪽의 ☑을 클릭합니다.

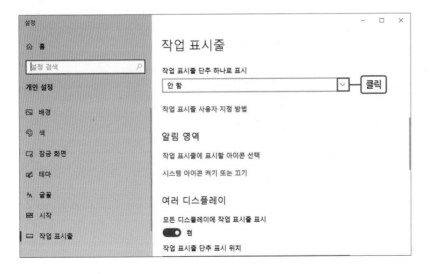

3 3가지 항목 중 [항상, 레이블 숨기기]를 선택합니다.

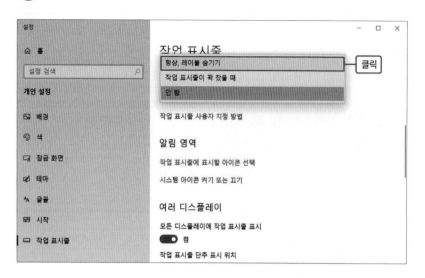

- **항상, 레이블 숨기기**: 항상 '앱 아이콘'만 표시됩니다.
- **작업 표시줄이 꽉 찼을 때**: 처음에는 '앱 아이콘'+'앱 제목'이 함께 표시되지만, 여러 개의 앱을 실행해 작업 표시줄이 가득 차면 '앱 아이콘'만 표시되도록 설정이 변경됩니다.
- **안 함**: '앱 아이콘'과 '앱 제목'이 항상 함께 표시됩니다.

4 작업 표시줄에 실행 중인 앱의 '앱 아이콘'만 표시됩니다.

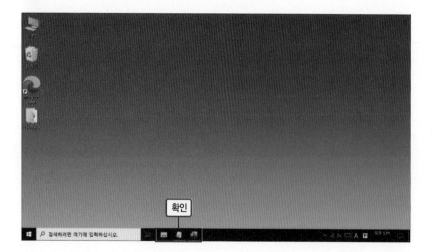

[항상, 레이블 숨기기] 상태에서 아이콘을 클릭했는데 창이 바탕 화면에 뜨지 않아요.

[항상, 레이블 숨기기] 상태에서 작업 표시줄의 앱 아이콘을 클릭했는데, 선택한 앱이 바탕 화면에 나타나지 않을 때가 있어요. 대신 작업 표시줄 바로 위쪽에 조그맣게 보인답니다. 같은 앱이라면 창을 여러 개 열어 두어도 작업 표시줄에서는 앱 아이콘 하나로만 보이기 때문이에요.

예를 들어, 메모장 앱의 창을 두 개 실행한 경우, 작업 표시줄에서 '메모장' 앱 아이콘이 겹쳐져서 보인답니다.

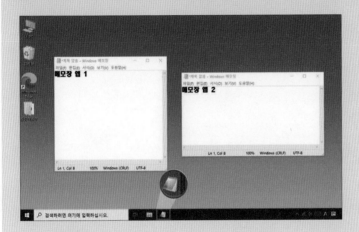

이 경우 작업 표시줄의 앱 아이콘을 클릭하면 '작은 미리보기 화면'으로만 보여요. 그 중 크게 보고 싶은 창을 클릭해 보세요. 선택한 창이 나타납니다.

차곡차곡 실력 쌓기

배운 내용을 영상을 통해서 정리해 봅시다. ▶

똑똑한 막내줌 '작업 표시줄'

파일과 폴더 똑똑하게 관리하기

컴퓨터로 작업한 내용을 '파일'로 만들어 저장할 수 있습니다. 여러 종류의 파일을 만들어 정보를 컴퓨터에 저장하고, '폴더'에 담아 정리해 봅시다.

06

컴퓨터 보관함
'파일 / 폴더'

'파일'은 컴퓨터에 저장된 정보 모음을 말해요. 사진 파일, 동영상 파일, 압축 파일, 문서 파일 등 다양한 종류가 있답니다. 그런데 컴퓨터로 작업하다 보면 파일의 개수가 점점 늘어납니다. 바탕 화면에 파일이 계속 추가되다 보면 아주 복잡해질 거예요. 파일을 찾기도 어려워지고요.

이런 상황을 대비해, 파일을 '폴더'라고 부르는 공간에 담아 정리한답니다. 책상 서랍을 떠올려 보세요. 첫 번째 칸에는 펜을, 두 번째 칸에는 공책과 메모지를, 세 번째 칸에는 전자 제품을⋯ 이렇게 종류별로 분류해서 정리하고 나면 책상이 훨씬 깔끔해지고, 물건을 꺼내 쓰기도 편해지겠죠?

이번 시간에 파일과 폴더 개념을 익히고 나면 나만의 폴더를 만들어 파일을 차곡차곡 정리할 수 있습니다. 종류별로, 상황별로 폴더를 생성해 볼까요?

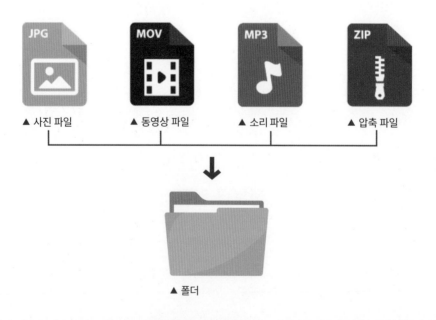

▲ 사진 파일   ▲ 동영상 파일   ▲ 소리 파일   ▲ 압축 파일

▲ 폴더

01 파일 알아보기

바탕 화면에 '장미.txt', '장미.png' 두 개의 파일이 있습니다. 사진 파일을 보고 싶다면 어떤 파일을 선택해야 할까요? 두 파일을 모두 열어서 확인하지 않아도 장미 사진 파일을 쉽게 찾아낼 수 있어요. '확장명'만 확인하면 되거든요!

01 '파일(File)'이란 무엇인가요?

'파일(File)'은 컴퓨터에 저장된 정보(데이터)의 모음입니다.

미니 사전 📖 **저장**

다람쥐는 도토리를 찾으면 나무 아래에 숨겨 두었다가 배고플 때 찾아 먹기 위해서 도토리를 '저장'해요. 컴퓨터를 사용할 때도 마찬가지예요. 컴퓨터로 작업한 내용(데이터)을 파일 형태로 저장해야 다음에 필요할 때 다시 확인하고 수정할 수 있거든요.

02 파일의 종류와 이름

파일에는 그림이나 사진 파일, 음악 파일, 동영상 파일, 문서 파일, 압축 파일 등 여러 종류가 있습니다. 이 파일들은 종류에 따라 이름 뒤에 붙는 '확장명'이 다릅니다.

6

컴퓨터 보관함 '파일/폴더'

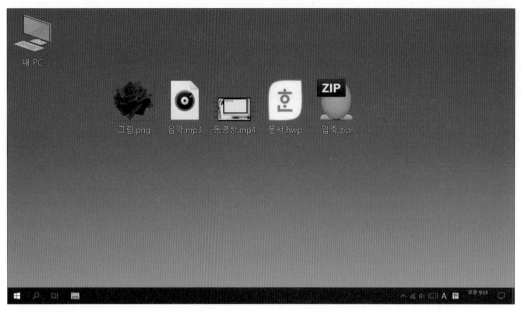

▲ 다양한 파일의 종류

컴퓨터에는 여러 파일이 저장되어 있습니다. 앱을 설치할 때 필요한 설치 파일이나, 문서나 사진 파일 등 종류도 다양합니다. 이렇게 많은 파일을 각각 구분할 수 있도록 파일마다 '고유한 이름'을 붙여 줍니다.

사람의 이름이 '성'과 '이름'으로 이루어져 있듯, 파일의 이름은 '파일명.확장명' 형식으로 구성됩니다.

사람의 이름	파일의 이름
곽 은지 성 이름	구분점 장미 · txt 파일명 확장명

❶ 파일명

원하는 파일을 찾기 위해 수많은 파일을 일일이 열어 보아야 한다면 매우 번거로울 것입니다. 파일명만 보아도 어떤 내용의 파일인지 쉽게 파악할 수 있도록 정확한 이름으로 정해 봅시다. 한글, 영문, 숫자는 물론, '-'와 '_'를 조합해 이름을 만들 수 있습니다.

예 장미꽃, rose, 장미꽃05, 장미-꽃, 장미_꽃

❷ 확장명

어떤 종류의 파일인지 구분합니다. '확장명'만 보아도 어떤 종류의 파일인지, 어떤 앱으로 만든 파일인지 한 번에 확인할 수 있습니다.

파일 종류	확장명	파일 종류	확장명
그림 파일	bmp, png, jpg, gif	문서 파일	hwp(한글), xlsx(엑셀), pptx(파워포인트), txt(메모장)
음악 파일	wma, mp3	압축 파일	zip
동영상 파일	avi, mp4, mov	실행 파일	exe

❸ 구분점

파일명과 확장명 사이에서 둘을 구분해 주는 점입니다.

> → 구분점　　　→ 구분점

예　장미.png　　　rose.png

구분점이 없다면 파일명과 확장명을 구분하기 어렵습니다. 특히 파일명이 영문이라면 더욱 구분되지 않을 것입니다.

Q&A **확장명이 다르다면 파일명이 같아도 되나요?**

'장미.txt'와 '장미.png' 두 파일을 예로 들어 봅시다. 두 파일의 이름을 잘 살펴보면 '파일명'은 같지만 '확장명'이 다릅니다. 확장명이 다르다면 파일명이 같아도 된답니다.

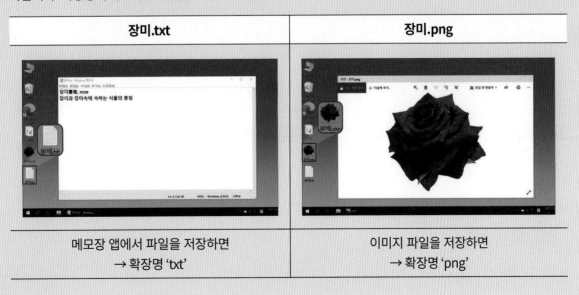

장미.txt	장미.png
메모장 앱에서 파일을 저장하면 → 확장명 'txt'	이미지 파일을 저장하면 → 확장명 'png'

02 폴더 이해하기

바탕 화면에 파일이 너무 많아지면 바탕 화면이 복잡해 보이고 파일을 찾기도 어려워집니다. 하지만 '폴더'를 생성하면 파일들을 깔끔하게 정리할 수 있어요. 폴더를 만들어 나만의 방식으로 파일을 분류해 봅시다.

01 '폴더(Folder)'란 무엇인가요?

'폴더(Folder)'는 파일을 정리해 담아 두는 상자입니다. 여러 가지 파일과 앱을 폴더에 차곡차곡 보관해 둘 수 있습니다.

나만의 분류 방식을 정해 폴더를 생성하면 작업이 훨씬 편리해집니다. 예를 들어, '사진' 폴더를 만들어 내가 촬영한 사진을 정리할 수 있어요. '우리 가족' 폴더를 만들어 우리 가족의 추억을 담은 동영상 파일이나, 편지글이 담긴 문서 파일을 보관할 수도 있겠죠?

① 바탕 화면에 '가족사진' 폴더를 만들어 봅시다. 바탕 화면의 빈 공간을 마우스 오른쪽 버튼으로 클릭한 후 바로가기 메뉴에서 [새로 만들기]–[폴더]를 차례로 클릭합니다.

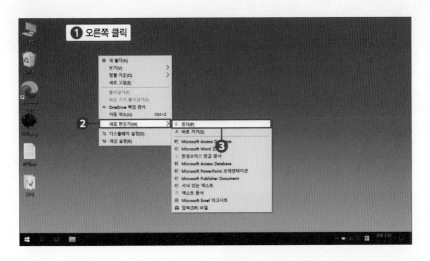

② 바탕 화면에 [새 폴더]가 만들어집니다.

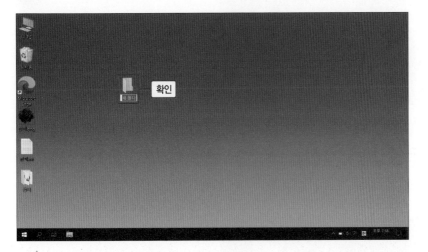

Tip | 압축 프로그램(알집, 반디집 등)이 설치되어 있으면 바로 가기 메뉴에서 [새 폴더]를 클릭해 새 폴더를 만들 수 있어요.

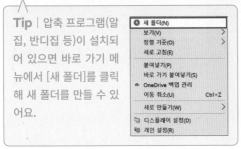

02 폴더의 이름 바꾸기

폴더의 이름은 내가 알아보기 쉽게 지정하는 것이 좋습니다. 어떤 파일을 정리해 둔 폴더인지 한눈에 확인할 수 있기 때문입니다.

폴더의 이름을 '새 폴더'에서 '가족사진'으로 변경해 봅시다.

무작정 따라하기

① 이름을 변경할 폴더를 마우스 오른쪽 버튼으로 클릭한 후 바로 가기 메뉴 중 [이름 바꾸기]를 클릭합니다.

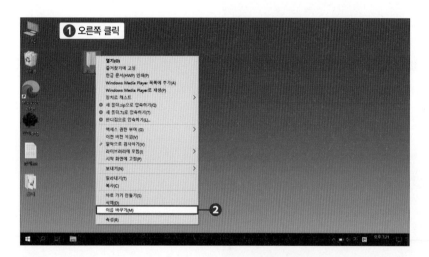

② 기존의 이름을 지우고 새로운 이름 '가족사진'을 입력한 후 키보드의 Enter를 누르거나 바탕 화면의 빈 공간을 클릭합니다.

> **Tip** | 폴더를 선택한 후 키보드의 F2를 누르면 이름을 바로 변경할 수 있어요.

03 폴더에 파일 담기

바탕 화면에 있는 파일들을 폴더 안으로 옮기면 바탕 화면이 깔끔하게 정리됩니다. 파일을 폴더에 담아 정리해 봅시다.

무작정 따라하기

1 폴더에 담을 파일을 마우스 왼쪽 버튼으로 꾹 누릅니다.

2 폴더 위로 드래그한 후 마우스 버튼에서 손을 뗍니다.

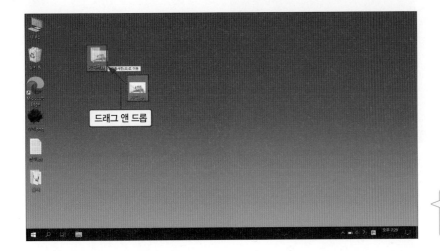

> **Tip** | 드래그하는 동안 마우스 왼쪽 버튼에서 손을 떼지 마세요.

차곡차곡 실력 쌓기 배운 내용을 영상을 통해서 정리해 봅시다. ▶

03 휴지통 알아보기

컴퓨터에도 휴지통이 있어요. 필요 없는 파일이나 폴더를 삭제하면 휴지통으로 쏙 들어간답니다. 불필요한 파일을 휴지통에서도 삭제하면 삭제한 파일 크기만큼 컴퓨터의 메모리 용량을 확보할 수 있어요.

01 파일 삭제하기

바탕 화면에 있는 여러 파일 중 불필요한 파일을 삭제해 볼게요. 이렇게 삭제한 파일은 휴지통에 보관됩니다.

무작정 따라하기

❶ 삭제할 파일을 마우스 오른쪽 버튼으로 클릭하세요. 바로 가기 메뉴가 나타나면 [삭제]를 클릭합니다.

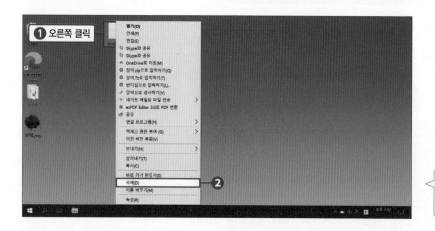

Tip | 파일을 선택한 후 키보드의 Delete 를 눌러도 돼요.

❷ [파일 삭제] 대화상자가 나타나면 [예]를 클릭합니다.

③ 파일이 삭제되었습니다.

02 삭제한 파일 복구하기

아차! 실수로 중요한 파일을 삭제했나요? 삭제한 파일을 휴지통에서 다시 꺼낼 수 있으니 걱정하지 마세요. 이것을 파일을 '복구'한다고 합니다.

무작정 따라하기

① 삭제한 '장미.txt' 파일을 복구해 봅시다. 바탕 화면의 [휴지통]을 더블 클릭합니다.

2 복구할 파일을 선택하고 [휴지통 도구] 탭에서 [선택한 항목 복원]을 클릭합니다.

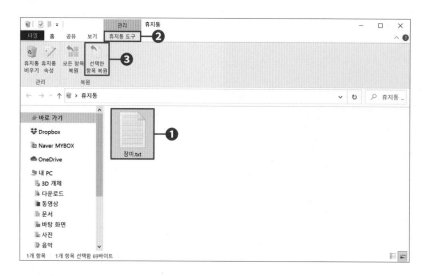

3 삭제되기 전에 파일이 저장되어 있던 위치를 확인해 볼까요? 복구된 파일이 다시 나타난 것을 확인할 수 있습니다.

바탕 화면에 '휴지통'이 없어요.

바탕 화면에 휴지통 아이콘이 보이지 않는 경우도 있어요. 바탕 화면에 휴지통을 표시해 봅시다.

❶ 바탕 화면의 빈 공간을 마우스 오른쪽 버튼으로 클릭한 후 바로 가기 메뉴에서 [개인 설정]을 클릭합니다.

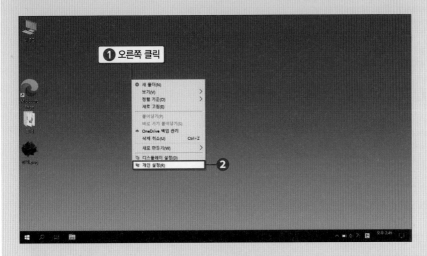

❷ 설정 창에서 왼쪽 메뉴 중 [테마]를 클릭합니다.

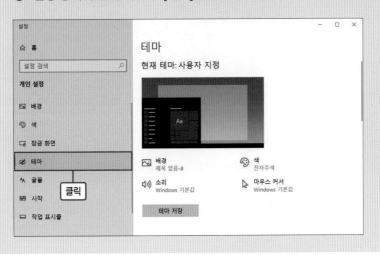

❸ [바탕 화면 아이콘 설정]을 클릭합니다.

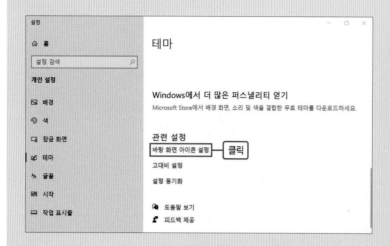

❹ '바탕 화면 아이콘 설정' 창이 나타나면 휴지통 앞의 ☐를 클릭해 ☑를 표시하고 [적용]을 클릭합니다. [닫기 (☒)]를 클릭해 모든 창을 닫으면 바탕 화면에 [휴지통] 아이콘이 생긴 것을 확인할 수 있습니다.

03 파일 '완전히' 삭제하기

118쪽에서 배운 방법으로 파일을 삭제하면 삭제된 파일이 휴지통에 남습니다. 다시 사용할 일 없는 파일이라면 휴지통에도 남지 않도록 파일을 완전히 삭제해 봅시다. 이렇게 삭제한 파일은 복구할 수 없으므로 주의하세요!

❶ Shift + Delete 누르기

삭제할 파일을 클릭한 후 키보드의 Shift 와 Delete 를 동시에 누르면 파일을 완전히 삭제할 수 있습니다.

❷ 휴지통 비우기

118쪽의 방법을 이용해 삭제한 파일을 휴지통에서도 지워 봅시다. 휴지통 창의 리본 메뉴 중 [휴지통 비우기]를 클릭하면 휴지통에 있는 모든 파일을 완전히 삭제할 수 있습니다.

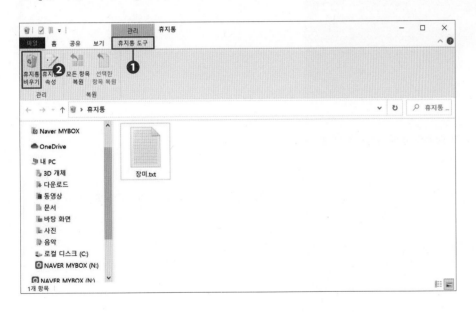

07

컴퓨터 보관함 관리
'파일 탐색기'

바탕 화면에는 여러 파일과 폴더가 있습니다.

폴더를 만들어 파일을 차곡차곡 정리하는 방법을 알아보았습니다. 그 중에서 원하는 파일을 찾으려면 바탕 화면에 있는 폴더를 하나하나 열어봐야 할까요? 그럴 필요 없어요! '파일 탐색기' 창을 이용하면 파일이나 폴더를 쉽게 찾을 수 있답니다.

그뿐만 아니라 '파일 탐색기' 창의 '바로 가기'에 자주 사용하는 폴더를 고정해 놓으면 클릭 한 번으로 폴더를 열 수 있습니다. '파일 탐색기'에는 파일과 폴더를 관리할 수 있는 다양한 기능이 있으므로 활용법을 익혀 놓으면 컴퓨터를 훨씬 쉽게 다룰 수 있어요.

01 파일 탐색기 창의 구성 알기

파일 탐색기 창을 처음 보았다면 복잡하게 느껴질 수도 있어요. 하지만 몇 가지 메뉴만 알아 놓으면 파일과 폴더를 쉽게 찾고 정리할 수 있습니다. 파일 탐색기를 구성하는 각 부분의 명칭과 기능을 살펴봅시다.

01 파일 탐색기 실행하기

파일 탐색기를 실행해 보겠습니다. 아래 세 가지 중 편한 방법을 선택하세요.

방법1 [시작(⊞)]을 마우스 오른쪽 버튼으로 클릭한 후 [파일 탐색기]를 클릭합니다.
방법2 바탕 화면에 있는 폴더를 더블 클릭합니다.
방법3 키보드의 ⊞와 E를 동시에 누릅니다.

02 파일 탐색기 창 살펴보기

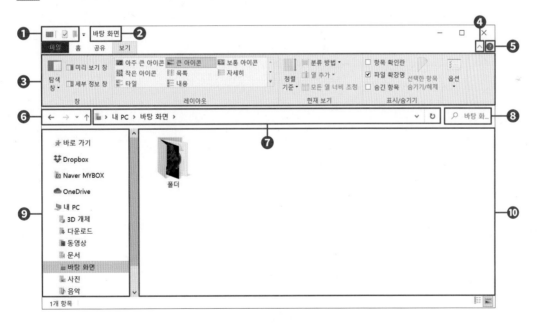

❶ 빠른 실행 도구 모음   ❷ 제목 표시줄   ❸ 리본 메뉴   ❹ 리본 최소화

❺ 도움말   ❻ 뒤로, 앞으로, 위로   ❼ 주소 표시줄   ❽ 검색 상자

❾ 탐색 창   ❿ 파일 목록

❶ 빠른 실행 도구 모음

자주 사용하는 파일 탐색기의 명령을 모아 놓은 도구 모음입니다. ⏷를 클릭하면 명령을 추가하거나 제거할 수 있습니다.

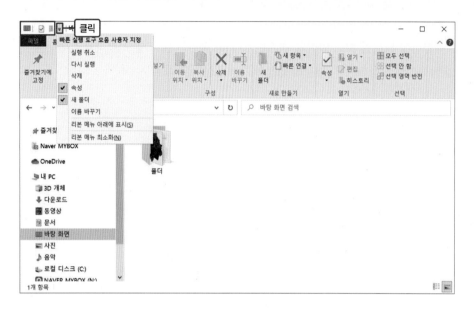

❷ 제목 표시줄

현재 파일 목록 창에서 보이는 파일들을 담은 폴더의 이름이 표시됩니다.

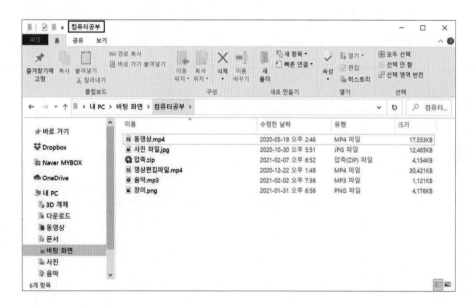

❸ 리본 메뉴

다양한 명령을 주제별로 모아 놓은 메뉴입니다. [홈], [공유], [보기] 탭을 클릭하면 해당 주제와 관련된 명령을 확인할 수 있습니다. 자세한 내용은 132쪽을 참고하세요.

④ 리본 최소화

⌃를 클릭해 리본 메뉴를 파일 탐색기 창에서 감추거나 표시할 수 있습니다.

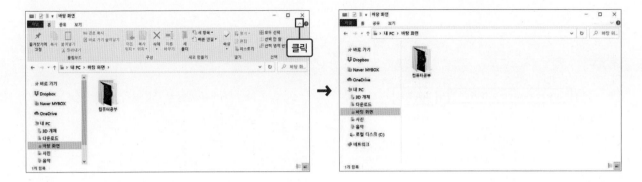

⑤ [도움말]

❓을 클릭하면 웹 브라우저가 실행되어 도움말 페이지가 나타납니다. 파일 탐색기와 관련된 도움말을 확인할 수 있습니다.

⑥ [뒤로(←)], [앞으로(→)], [위로(↑)]

[뒤로(←)]를 클릭하면 이전 화면으로, [앞으로(→)]를 클릭하면 [뒤로]를 누르기 이전의 화면으로 이동합니다. [위로(↑)]를 클릭하면 상위 폴더로 이동합니다.

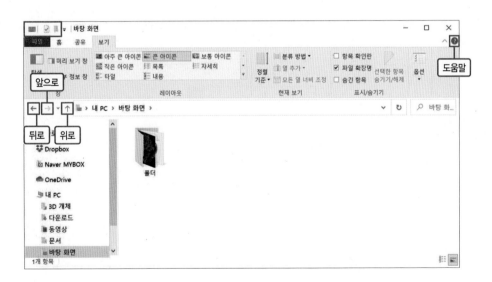

❼ 주소 표시줄

선택한 파일의 경로(위치)가 표시됩니다.

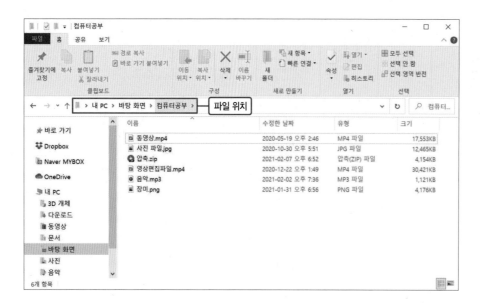

❽ 검색 상자

검색어를 입력해 컴퓨터에 저장된 파일을 찾습니다. 예를 들어, 검색 상자에 '장미'를 입력하면 파일명에 '장미'가 포함된 파일을 모두 찾을 수 있습니다.

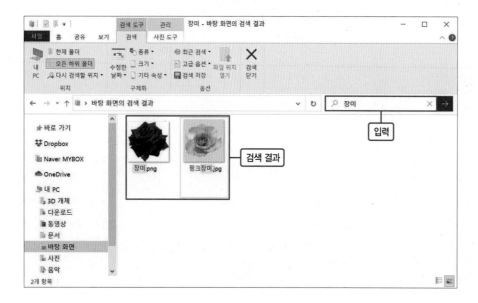

❾ 탐색 창

'파일 탐색기' 창의 왼쪽에 위치하며, 폴더, 라이브러리, 드라이브 등을 쉽게 찾아 이동할 수 있습니다.

예를 들어, 탐색 창에서 '컴퓨터공부' 폴더를 클릭하면 해당 위치로 바로 이동해 폴더 안의 파일을 확인할 수 있습니다.

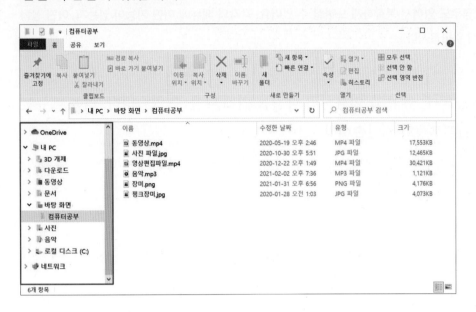

❿ 파일 목록

선택한 폴더 안에 있는 파일을 모두 확인할 수 있습니다.

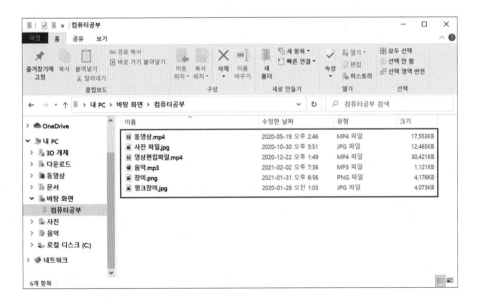

02 리본 메뉴의 구성 이해하기

다양한 명령이 모여 있는 '리본 메뉴' 부분을 살펴봅시다.
상황에 따라 메뉴가 바뀌는 경우도 있어서 복잡하게 느껴질 수 있어요. 각각의 메뉴에 어떤 기능이 있는지, 어떤 상황에서 메뉴가 바뀌는지 자세히 알아봅시다.

파일 탐색기 상단에 있는 '리본 메뉴'를 이용하면 파일을 쉽게 다룰 수 있습니다. 리본 메뉴는 '탭', '명령 단추', '그룹'으로 구성되어 있습니다.

'리본 메뉴'에는 [홈], [공유], [보기]와 같은 탭이 있어요. 각각의 탭 아래에는 다양한 명령 단추와 옵션이 있습니다.

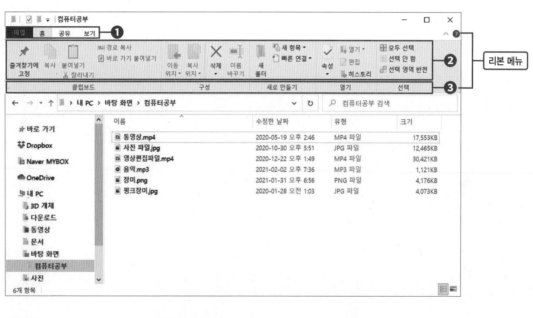

❶ 탭   ❷ 명령 단추   ❸ 그룹

❶ 탭

기본적으로 '홈', '공유', '보기' 3개의 탭으로 구성되어 있습니다.

❷ 명령 단추

단추를 클릭해 해당 명령을 실행합니다. 예를 들어, [새 폴더]를 클릭하면 새로운 폴더를 만들 수 있습니다.

❸ 그룹

관련 있는 명령 단추들끼리 그룹으로 묶어서 표시합니다.

미니 사전 탭

서류를 정리할 때, 나중에 다시 찾아보기 쉽도록 파일철에 분류 스티커를 붙이고는 합니다.
컴퓨터의 '탭'도 이와 비슷한 기능을 합니다. 파일 탐색기에는 여러 가지 명령 단추와 옵션이 있습니다. 이 명령 단추와 옵션을 관련 있는 항목끼리 모아서 볼 수 있도록 탭으로 묶어 구분하는 것입니다. 비슷한 기능을 모아두므로 원하는 작업을 쉽고 빠르게 찾아볼 수 있답니다.

파일의 '탭'	파일 탐색기의 '탭'

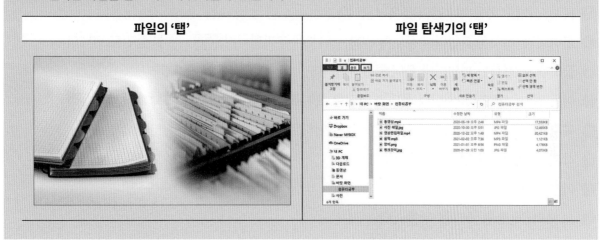

03 리본 메뉴의 탭 살펴보기

01 [홈] 탭

리본 메뉴 중 [홈] 탭에서 실행할 수 있는 기능에 대해 알아봅시다. 가장 자주 사용하는 기본 명령 단추들이 모여 있습니다.

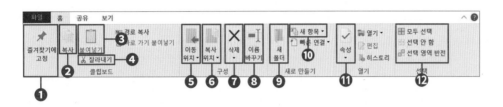

❶ **즐겨찾기에 고정**: 자주 사용하는 폴더를 탐색창의 바로 가기에 고정합니다. 해당 폴더가 필요할 때 빠르게 폴더 안의 내용을 파일 목록에서 확인할 수 있습니다.

❷ **복사**: 선택한 파일이나 폴더를 복사합니다. Ctrl + C 를 눌러도 됩니다.

❸ **붙여넣기**: 복사한 파일이나 폴더를 원하는 위치에 추가합니다. Ctrl + V 를 눌러도 됩니다.

❹ **잘라내기**: 선택한 파일이나 폴더를 잘라냅니다. Ctrl + X 를 눌러도 됩니다.

❺ **이동 위치**: 선택한 파일이나 폴더가 지정한 위치로 이동합니다.

❻ **복사 위치**: 선택한 파일이나 폴더를 지정한 위치로 복사합니다.

❼ **삭제**: 선택한 파일이나 폴더를 삭제합니다.

❽ **이름 바꾸기**: 선택한 파일이나 폴더의 이름을 바꿀 수 있어요. F2 를 눌러도 됩니다.

❾ **새 폴더**: 새로운 폴더를 만듭니다.

❿ **새 항목**: 현재 위치에 새로운 항목을 만듭니다. 폴더는 물론, 문서 파일이나 압축 파일 등 여러 형태의 파일을 만들 수 있습니다.

⓫ **속성**: 선택한 파일에 대한 속성 창이 나타납니다. 파일 형식과 저장 위치, 크기 등을 확인할 수 있습니다.

⓬ **선택**: 파일 목록에 있는 항목을 선택할 수 있습니다.

• **[모두 선택]**: 파일 목록에 있는 모든 항목을 선택합니다.

• **[선택 안 함]**: 파일 목록에 있는 모든 항목의 선택이 해제됩니다. 이미 선택된 항목도 선택이 해제됩니다.

• **[선택 영역 반전]**: 선택되어 있던 항목을 제외한 모든 항목을 선택합니다.

즐기찾기에 고정하기

탐색창의 바로 가기에 '중요' 폴더를 고정해 봅시다. 바로 가기에 고정된 '중요' 폴더를 클릭하면 한 번에 이동할 수 있습니다.

무작정 **따라하기**

1 바로 가기에 고정할 폴더를 파일 목록에서 클릭합니다.

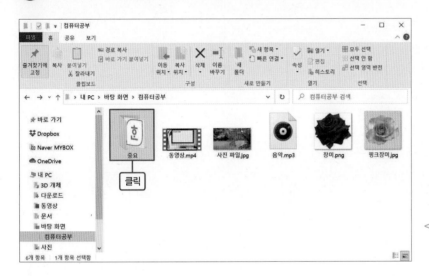

> **Tip** | 파일은 바로 가기에 추가할 수 없습니다.

2 [홈] 탭에서 [즐겨찾기에 고정]을 클릭합니다.

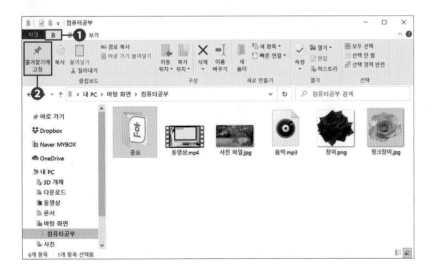

❸ 탐색 창의 '바로 가기'에 '중요' 폴더가 고정되었습니다. '바로 가기'에서 폴더를 클릭하면 폴더 안의 파일을 바로 확인할 수 있습니다.

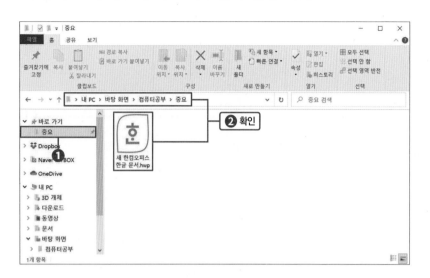

Q&A

즐겨찾기에 고정했는데 탐색창의 '바로 가기' 아래에 폴더가 없어요.

'바로 가기'에 추가된 폴더가 감춰진 상태입니다. '바로 가기' 왼쪽의 ⟩ 를 클릭하면 고정된 폴더가 나타납니다.

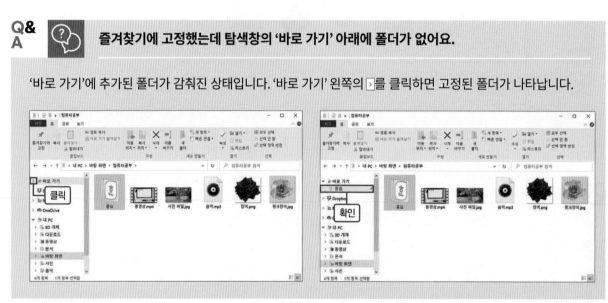

'이동 위치' 기능으로 파일 옮기기

'컴퓨터공부' 폴더에 있는 '장미' 파일을 바탕 화면으로 옮겨 봅시다.

무작정 따라하기

1 '장미' 파일을 클릭합니다.

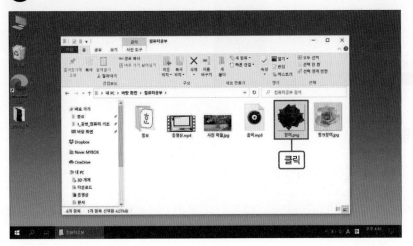

2 [홈] 탭에서 [이동 위치]-[바탕 화면]을 차례대로 클릭합니다.

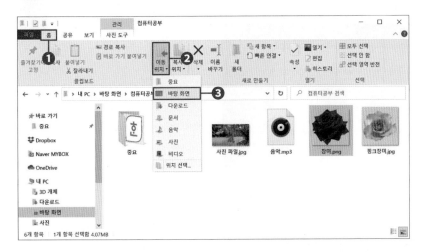

❸ '장미' 파일이 바탕 화면으로 이동했습니다.

'복사 위치' 기능으로 파일 복사하기

'컴퓨터공부' 폴더에 있는 '핑크장미' 파일을 바탕 화면으로 복사해 봅시다.

무작정 따라하기

❶ '핑크장미' 파일을 클릭합니다.

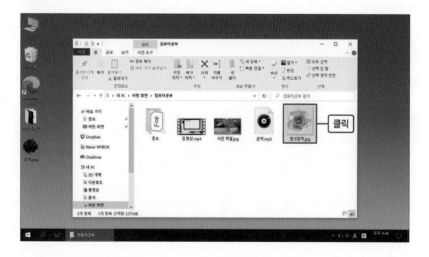

② [홈] 탭에서 [복사 위치]–[바탕 화면]을 차례대로 클릭합니다.

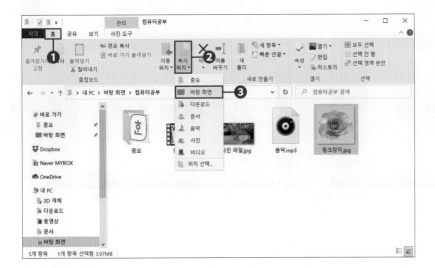

③ '핑크장미' 파일이 바탕 화면으로 복사되었습니다.

Q&A **?** **'이동 위치'와 '복사 위치', 무엇이 다른가요?**

선택한 파일이나 폴더의 위치가 변경된다는 점은 동일합니다.
그러나 [이동 위치]를 선택하면 파일이 완전히 이동합니다. 즉, 해당 파일이 원래 저장되어 있던 위치에서는 파일이 사라집니다.
반면 [복사 위치]를 선택하면 파일이 하나 복사된 후 선택한 위치로 이동하는 것입니다. 따라서 저장한 곳과 원래 있던 곳 두 군데에 파일이 하나씩 위치합니다.

이동 위치(장미 파일)	복사 위치(핑크장미 파일)

파일이나 폴더를 완전히 없애버리고 싶어요.

파일이나 폴더를 삭제하는 방법은 세 가지가 있어요. 컴퓨터 용량이나 복구가 필요한 파일 혹은 폴더인지 고려하여 삭제방법을 선택하세요.

- **[휴지통으로 이동]**: 선택한 파일이나 폴더가 휴지통으로 이동합니다. 삭제한 파일, 폴더가 다시 필요할 경우 복구해 다시 사용할 수 있습니다.
- **[완전히 삭제]**: 선택한 파일이나 폴더가 바로 완전히 삭제됩니다. 휴지통에서 복구하여 다시 사용할 수 없으므로 신중하게 선택해야 합니다.
- **[휴지통으로 삭제 전 확인]**: 이 항목을 선택(✔)해 두면 [휴지통으로 이동], [완전히 삭제] 클릭 시 파일이나 폴더가 바로 삭제되지 않고, 삭제 여부를 확인하는 창이 나타납니다. 이 파일을 삭제할 것인지 다시 한 번 질문하므로 신중하게 삭제할 수 있습니다.

◀ 휴지통으로 삭제 전 확인

02 [공유] 탭

❶ **공유**: 선택한 파일이나 폴더를 공유합니다. 무선 인터넷이나 블루투스 기능을 이용해 전송할 수 있습니다.

❷ **전자 메일**: 선택한 파일이나 폴더를 'Microsoft Outlook' 메일로 보낼 수 있습니다.

❸ **압축(ZIP)**: 선택한 파일이나 폴더를 압축할 수 있습니다.

❹ **인쇄**: 선택한 이미지 또는 문서 파일을 프린터로 인쇄할 수 있습니다. 인쇄 기능을 바로 이용하려면 프린터가 연결되어 있어야 합니다.

미니 사전 **압축**

'압축'은 물건에 압력을 가해 부피를 줄이는 것을 말합니다. 예를 들어 부피가 큰 겨울 옷들을 정리할 때 옷들을 비닐 속에 모두 넣어 비닐 속 공기를 빼면 부피가 줄어듭니다. 이렇게 압축하면 옮기기도 쉽고, 보관 시 공간도 적게 차지하겠죠?

컴퓨터에서도 마찬가지입니다. 여러 개의 파일을 한 폴더에 모은 후 압축할 수 있습니다. 압축하고 나면 파일의 용량이 줄어들기 때문에 전송 속도가 빨라진답니다. 그렇지만 압축한 파일이나 폴더는 수정하거나 실행할 수 없기 때문에 사용하려면 압축을 다시 해제해야 합니다.

압축 앱을 이용해 폴더를 압축하는 방법은 197쪽에서 배우겠습니다.

컴퓨터 보관함 관리 '파일 탐색기'

파일 압축하기

'장미', '핑크장미' 파일을 압축해 봅시다.

무작정 따라하기

❶ 압축할 파일을 선택합니다.

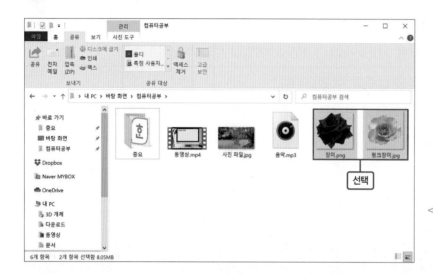

Tip | 두 개 이상의 파일을 선택할 때 는 '드래그'하거나 Ctrl 을 누른 상태로 클릭합니다.

❷ [공유] 탭에서 [압축(ZIP)]을 클릭하면 선택한 파일 중 하나의 파일명으로 압축 폴더가 만들어집니다.

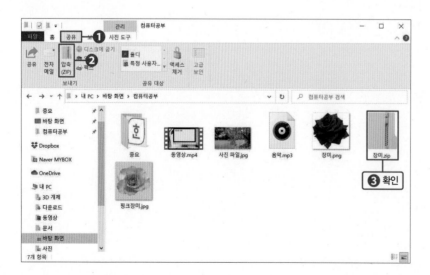

압축 폴더 해제하기

압축된 상태에서는 파일을 사용할 수 없으므로 압축한 폴더를 다시 풀어 봅시다.

무작정 **따라하기**

1 '장미.zip' 폴더를 클릭합니다.

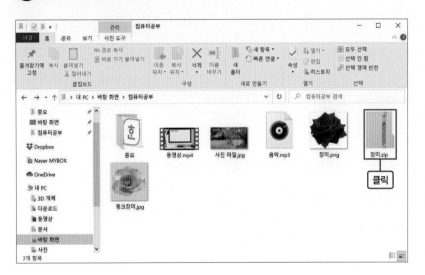

2 [압축 폴더 도구] 탭에서 [압축 풀기]를 클릭합니다.

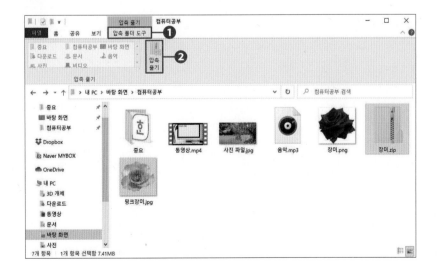

③ '압축(Zip) 폴더 풀기' 창이 나타나면 저장 경로를 확인하고 [압축 풀기]를 클릭합니다. 기본적으로 압축 파일이 있는 폴더에, 압축 폴더와 같은 폴더명으로 압축이 풀립니다.

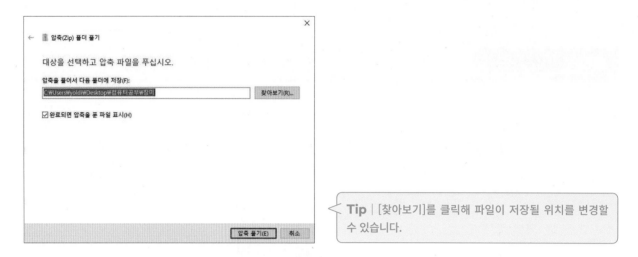

> Tip | [찾아보기]를 클릭해 파일이 저장될 위치를 변경할 수 있습니다.

④ 압축이 풀린 폴더가 열리면서 폴더 안의 파일을 확인할 수 있습니다.

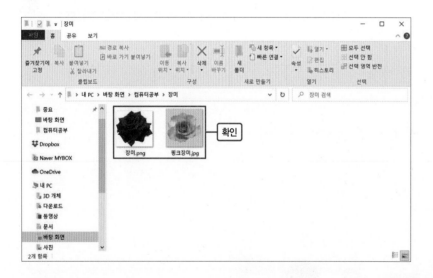

03 보기 탭

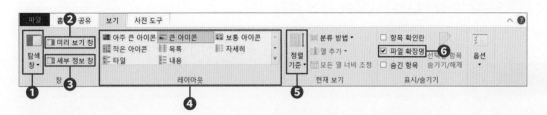

❶ **탐색 창**: '파일 탐색기' 창의 왼쪽에는 폴더들을 보여 주는 '탐색 창'이 있습니다. '탐색 창'을 보이게 했다가, 숨길 수도 있습니다.

❷ **미리 보기 창**: 미리 보기 창으로 파일을 열기 전에 파일을 살펴볼 수 있습니다.

❸ **세부 정보 창**: 세부 정보 창에서 선택한 파일 또는 폴더의 자세한 속성을 확인할 수 있습니다.

❹ **레이아웃**: 파일을 쉽게 확인하고 관리할 수 있도록 파일 탐색기의 파일 배치 형태(레이아웃)를 변경할 수 있습니다.

❺ **정렬 기준**: 파일 목록 창의 파일이나 폴더를 여러 기준으로 정렬할 수 있습니다. 기본적으로 '이름'을 기준으로하며 '오름차순(가나다, ABC순)'으로 정렬되어 있습니다. 폴더와 파일이 섞여 있다면 '폴더' → '파일' 순으로 표시됩니다.

❻ **파일 확장명**: [파일 확장명]을 클릭해 체크 표시하면 파일 이름에 '확장명'도 같이 표시됩니다.

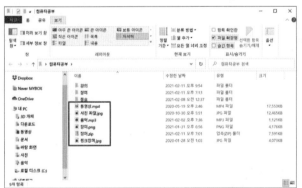

▲ 파일 확장명을 표시한 경우

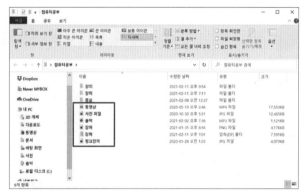

▲ 파일 확장명을 표시하지 않은 경우

탐색 창 나타내기

파일 탐색기 왼쪽에 '탐색 창'이 나타나도록 해 보겠습니다.

무작정 따라하기

1 [보기] 탭에서 [탐색 창]을 클릭해 아래 항목 중 [탐색 창]을 클릭합니다.

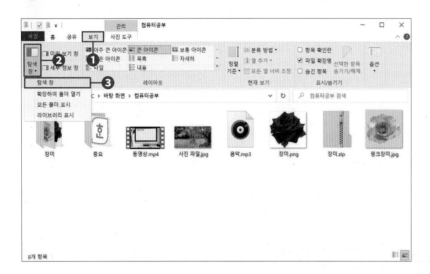

2 '파일 탐색기' 창 왼쪽에 '탐색 창'이 나타납니다.

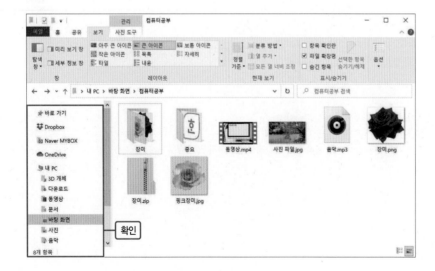

144

미리 보기 창 나타내기

'파일 탐색기' 창 오른쪽에 미리 보기 창을 표시할 수 있습니다.

무작정 따라하기

❶ [보기] 탭에서 [미리 보기 창]을 클릭합니다.

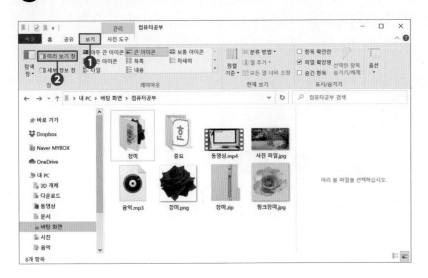

❷ 사진 파일을 클릭하면 파일을 더블 클릭해 실행하지 않아도 '미리 보기 창'에서 미리 확인할 수 있습니다.

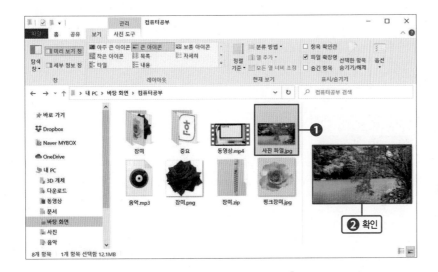

세부 정보 창 나타내기

'파일 탐색기' 창 오른쪽에 세부 정보 창을 표시해 봅시다. 파일을 선택해 여러 속성을 확인할 수 있습니다.

무작정 따라하기

① [보기] 탭에서 [세부 정보 창]을 클릭하세요.

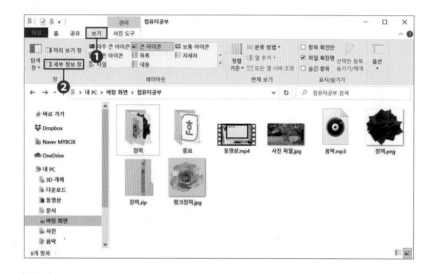

② '파일 탐색기' 창 오른쪽에 '세부 정보 창'이 표시됩니다.

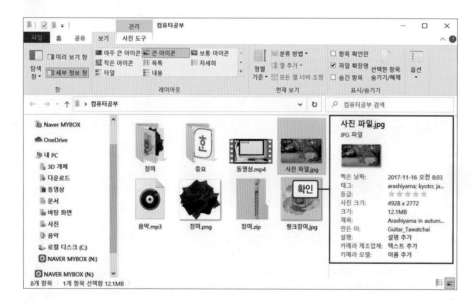

레이아웃 변경하기

파일 배치 형태를 변경해 봅시다. 아이콘만 보이도록 하거나, '수정한 날짜', '크기' 등 좀 더 자세한 정보를 표시할 수도 있습니다.

무작정 따라하기

1 [보기] 탭의 '레이아웃' 그룹에 있는 항목 중 원하는 것을 선택하세요.

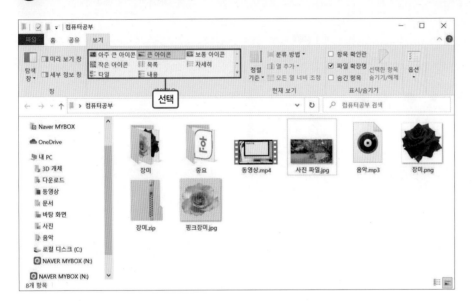

2 항목 위에 마우스를 올리면 해당 레이아웃을 미리 확인할 수 있습니다.

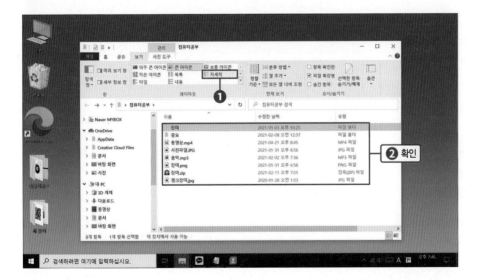

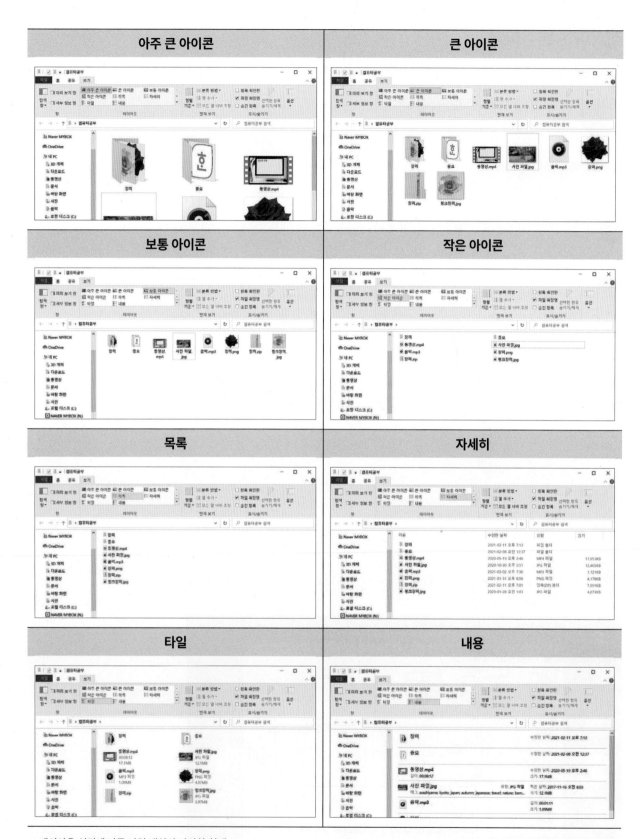

▲ 레이아웃 설정에 따른 파일 배치의 다양한 형태

어떤 레이아웃을 사용하면 편리한가요?

❶ 레이아웃 중 '보통 아이콘', '큰 아이콘', '아주 큰 아이콘'을 선택해 볼까요? 이미지 파일을 하나씩 열어 보지 않아도 파일 탐색기 창에서 미리 확인할 수 있습니다. 원하는 파일을 찾기 쉬워지겠죠?

❷ 레이아웃 중 '자세히', '내용'을 선택해 볼까요? 파일의 세부 정보를 확인할 수 있어요. 파일이 만들어진 날짜나 유형, 크기 등을 확인할 수 있답니다.

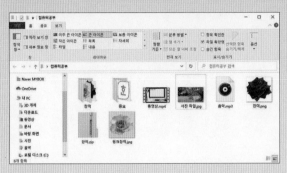

▲ 큰 아이콘

▲ 자세히

 '홈, 공유, 보기 탭' 옆에 다른 탭이 생겼어요.

사진, 동영상, 음악 등의 파일을 선택하면 해당 파일 유형과 관련된 탭이 활성화되어 나타납니다. 이 탭에서 선택한 파일과 관련된 작업을 할 수 있습니다.

▲ 이미지(사진) 파일 선택 → [사진 도구] 탭

▲ 동영상 파일 선택 → [비디오 도구] 탭

▲ 압축 폴더 선택 → [압축 폴더 도구] 탭

▲ 파일 검색 → [검색] 탭

컴퓨터 활용
한 걸음
더 나아가기

컴퓨터를 다루는 방법을 익혔다면, 좀 더 다양한 기능을 활용해
봅시다. 컴퓨터와 함께라면 일상생활이 더 편하고 즐거워집니다.

08

컴퓨터 작업이 편리해지는
윈도우 기본 앱 사용하기

윈도우10은 컴퓨터를 편리하게 사용할 수 있도록 다양한 기본 앱을 제공하고 있어요. 이 앱들은 처음부터 컴퓨터에 설치되어 있기 때문에 따로 다운로드할 필요가 없답니다.

간단한 텍스트 파일을 만들 수 있는 '메모장', 포스트잇처럼 메모를 적어 바탕 화면에 붙여놓을 수 있는 '스티커 메모', 숫자뿐만 아니라 환율이나 단위도 계산할 수 있는 '계산기', 모니터 화면의 필요한 부분을 찍어서 파일로 보관할 수 있는 '캡처 및 스케치', 사진이나 이미지 파일을 간단하게 편집할 수 있는 '사진' 앱 등 다양한 앱이 있어요.

이 앱들은 컴퓨터를 더 효율적으로 활용할 수 있도록 도와준답니다. 사용법도 간단하므로 쉽게 익혀 빠르게 써 봅시다.

▲ 메모장

▲ 스티커 메모

▲ 계산기

▲ 캡처 및 스케치

▲ 사진

01 '메모장' 앱 알아보기

간단히 문자만 입력해야 하는 경우에는 '메모장' 앱을 이용해 봅시다. 많은 기능을 필요로 하지 않을 때 간편하게 사용할 수 있어요.

01 '메모장' 앱 실행하기

'메모장'은 가장 간단한 문서 앱이에요. 사진을 삽입하거나 표를 만드는 기능은 없지만, 메뉴가 복잡하지 않기 때문에 문자만 입력하는 경우에는 유용하게 사용할 수 있어요. 메모장으로 작성한 문서 파일은 'txt' 확장명으로 저장됩니다.

[시작(⊞)]을 클릭하고 [Windows 보조프로그램]-[메모장]을 차례대로 선택해 '메모장' 앱을 실행합니다.

Tip | 작업 표시줄 검색 상자에 '메모장'을 검색하면 쉽고 빠르게 앱을 실행할 수 있어요.

8

컴퓨터 작업이 편리해지는 윈도우 기본 앱 사용하기

02 '메모장' 앱 사용하기

'메모장' 앱에 오늘 해야 할 일을 적어 '오늘할일.txt' 파일을 만들어 봅시다.

무작정 따라하기

1 메모장의 빈 공간을 클릭해 문자열 커서가 깜빡이면 키보드로 문자를 입력합니다.

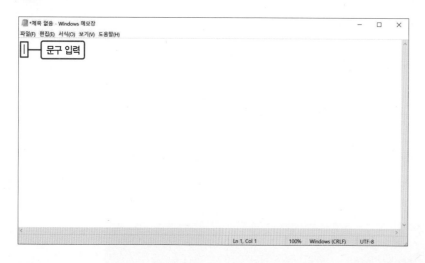

2 [서식]-[글꼴]을 클릭하면 글꼴, 스타일, 크기를 변경할 수 있습니다. 원하는 대로 글꼴을 설정하고 [확인]을 클릭하세요.

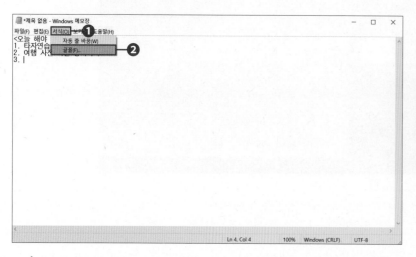

Tip | 원하는 글꼴, 글꼴 스타일, 크기를 클릭하여 선택하면 '보기'에서 미리 확인할 수 있어요.

③ [닫기(☒)]를 클릭하면 파일을 저장할 수 있습니다. 저장 여부를 묻는 창이 나타나면 [저장]을 클릭합니다.

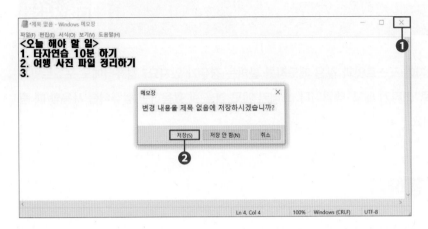

④ '다른 이름으로 저장' 창이 열리면 파일을 저장할 위치를 지정합니다. '바탕 화면'에 저장해 보겠습니다. 파일 이름을 '오늘할일'으로 변경한 후 [저장]을 클릭합니다.

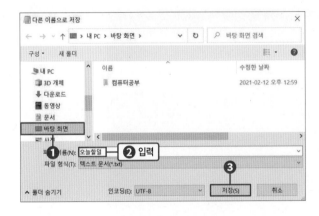

⑤ 바탕 화면에 '오늘할일.txt' 메모장 파일이 생성되었습니다.

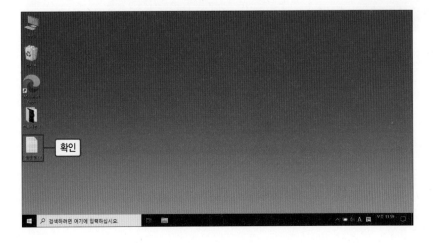

02 '스티커 메모' 써 보기

집에서 냉장고, 현관 등 잘 보이는 위치에 포스트잇과 같은 메모지를 붙이는 경우가 있지요? 컴퓨터에도 포스트잇과 비슷한 기능을 하는 앱이 있어요. 바로 '스티커 메모' 앱입니다. 스티커 메모 앱을 잘 활용하면 컴퓨터를 사용할 때 중요한 내용을 잊지 않고 점검할 수 있어요.

01 '스티커 메모' 앱 실행하기

'스티커 메모' 앱을 이용하면 바탕 화면에 포스트잇처럼 생긴 메모를 띄워 놓을 수 있어요. 해야 할 일이나 잊기 쉬운 내용을 정리해 '스티커 메모' 앱에 적어 볼까요?

[시작(🔳)]을 클릭하고 [스티커 메모]를 찾아 클릭합니다.

Tip | 작업 표시줄 검색 상자에 '스티커'를 검색하면 쉽고 빠르게 찾을 수 있어요.

02 '스티커 메모' 앱 사용하기

컴퓨터를 사용할 때 자주 확인하는 내용을 '스티커 메모' 앱에 기록해 봅시다.

무작정 따라하기

① 스티커 메모 앱을 처음 실행하면 로그인 창이 나타납니다. 로그인하지 않아도 앱을 사용할 수 있으므로 [닫기(×)]를 클릭합니다.

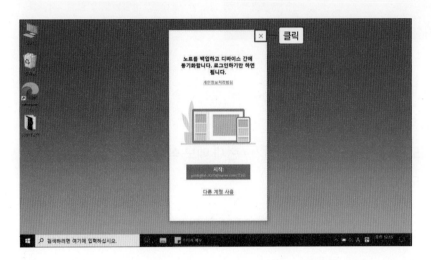

② '메모 목록' 창과 '스티커 메모' 창이 열립니다. '메모 목록' 창은 이전에 기록한 메모를 찾을 때 이용하는 창이므로 [닫기]를 클릭해 닫아둡니다.

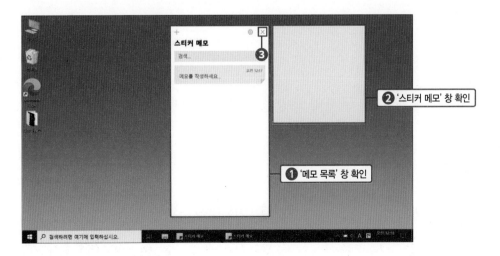

3 '스티커 메모' 창에 메모를 작성합니다.

> Tip | 여러명이 같이 사용하는 컴퓨터일 경우 비밀번호와 같은 '개인정보'를 메모하면 안 돼요!

4 메모 창 상단을 클릭하면 메뉴바가 나타납니다.

▲ ⋯ 를 클릭한 경우

- ➕ : 새 메모 만들기
- ⋯ : 메모 색 선택 / 노트 목록창 열기 / 현재 메모 삭제
- ✕ : 메모 창 닫기

5 창 아래의 단추를 클릭하면 입력한 글자의 모양을 변경하거나 메모에 이미지를 추가할 수도 있습니다.

- **B** : 굵게
- U : 밑줄
- ☰ : 글머리
- *I* : 기울임꼴
- ᵃᵇ : 취소선
- 🖼 : 이미지 추가

6 메모창의 상단 바를 마우스 왼쪽 버튼으로 꾹 누르고 드래그하여 위치를 옮겨 보세요.

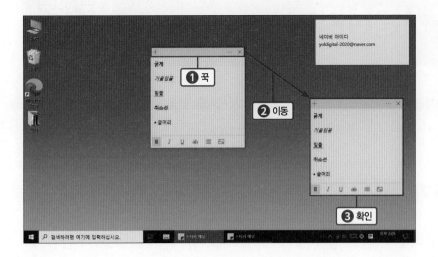

7 메모창 모서리에 마우스 커서를 올리면 마우스 포인터 모양이 '↖'로 바뀝니다. 이때 마우스 왼쪽 버튼을 꾹 누르고 드래그하면 창의 크기를 조절할 수 있습니다.

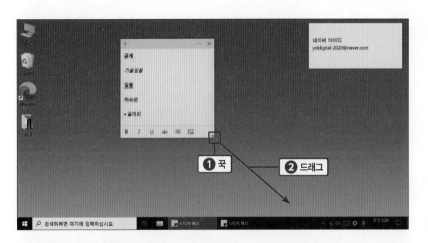

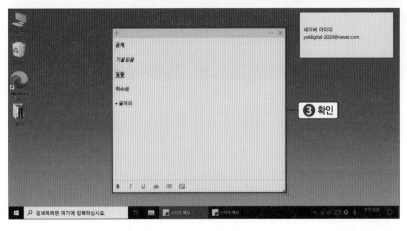

03 '계산기' 사용하기

'계산기' 앱의 사용법을 익혀두면 숫자를 계산하고 싶을 때 책상 서랍에서 계산기를 찾을 필요가 없어요. 날짜나 단위 환산 등 다양한 기능을 제공합니다.

01 '계산기' 앱 실행하기

윈도우10의 '계산기' 앱을 이용하면 계산을 쉽게 할 수 있어요. 또 날짜를 계산하거나 환율, 길이, 속도 등 단위를 변환할 수도 있습니다. '계산기' 앱의 여러 기능을 알아두고 필요할 때 언제든지 사용해 봅시다.

[시작(⊞)]을 클릭하고 [계산기]를 찾아 실행합니다.

Tip | 작업 표시줄 검색 상자에 '계산기'를 검색하면 쉽고 빠르게 찾을 수 있어요.

02 '계산기' 앱의 기능 살펴보기

■을 클릭하면 여러 종류의 '계산기'와 '변환기'를 선택해 사용할 수 있습니다.

 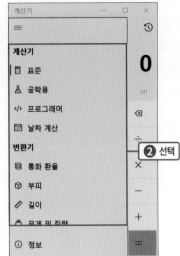

계산기

기본적인 계산을 할 수 있는 '표준' 계산기, 좀 더 복잡한 계산 기능을 제공하는 '공학용' 계산기, 지정한 두 날짜 간의 차이를 계산할 수 있는 '날짜 계산' 계산기 등이 있습니다.

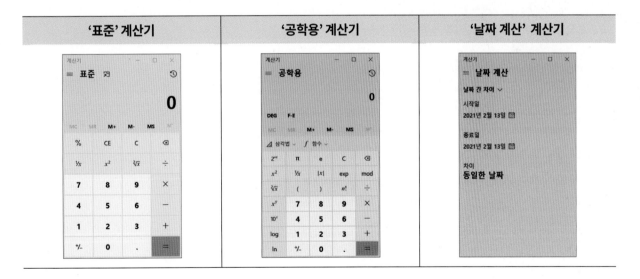

'표준' 계산기	'공학용' 계산기	'날짜 계산' 계산기

변환기

통화 환율, 부피, 길이, 무게 및 질량 등 여러 단위를 변환할 수 있습니다.

1 '통화 환율 변환기'를 통해 '1달러($)'를 '원(₩)'으로 환산하면 얼마인지 계산해 봅시다. ☰을 클릭해 [통화 환율]을 선택합니다.

2 ☑를 클릭하면 변환할 통화 단위를 선택할 수 있습니다. '달러'를 '원'으로 변환해야 하므로 첫 번째 항목을 [미국 – 달러]로, 두 번째 항목을 [한국 – 원]으로 설정합니다.

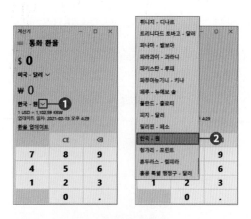

3 '1'을 입력하면 1달러($)가 원(₩)으로 환산된 값을 확인할 수 있습니다.

> **Tip** | [환율 업데이트]를 클릭하면 실시간 환율 정보로 변경할 수 있어요.

04 '캡처 및 스케치'하기

컴퓨터를 사용하다 보면 화면을 사진 찍듯 저장하고 싶은 경우가 있지요? '캡처 및 스케치' 앱의 사용법을 익혀 두면 언제든지 화면을 저장할 수 있답니다.

01 '캡처 및 스케치' 앱 실행하기

'캡처'는 모니터 화면에 보이는 정보 중에서 필요한 부분을 이미지 파일로 저장하는 것을 의미합니다. 쉽게 말해 컴퓨터 바탕 화면을 사진처럼 '찰칵' 찍는 것입니다.

전체 화면뿐만 아니라 필요한 부분만 골라서 캡처할 수 있고, 볼펜이나 형광펜 기능을 이용해 이미지 위에 중요한 내용을 표시할 수도 있습니다.

[시작(⊞)]을 클릭하고 [캡처 및 스케치]를 찾아 실행합니다.

> **Tip** | 작업 표시줄 검색 상자에 '캡처 및 스케치'를 검색하면 쉽고 빠르게 찾을 수 있어요.

<u>02</u> 캡처하기

[새 캡처]를 클릭하면 여러 캡처 형태 중 원하는 형태를 선택할 수 있습니다.

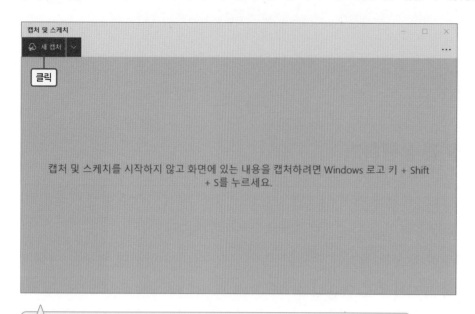

Tip | ■를 클릭하면 [지금 캡처], [3초 후 캡처], [10초 후 캡처] 중 선택할 수 있어요.

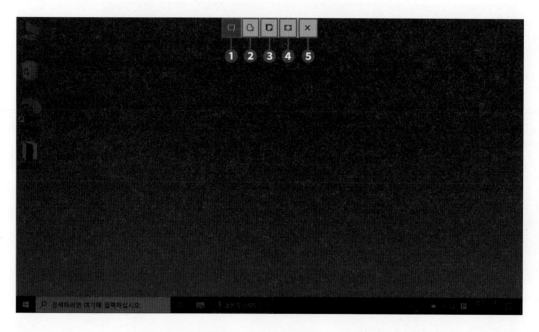

❶ 사각형 캡처   ❷ 자유형 캡처   ❸ 창 캡처   ❹ 전체 화면 캡처   ❺ 닫기

❶ 사각형 캡처

캡처하고자 하는 영역을 마우스로 드래그해 '사각형 모양'으로 캡처할 수 있습니다.

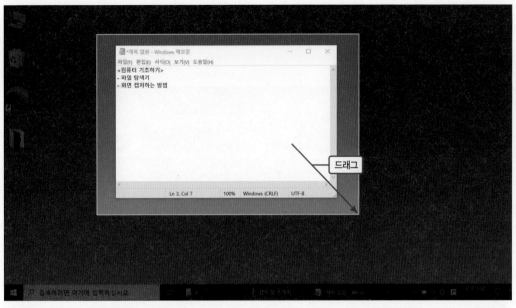

▲ 캡처할 영역 지정

▲ 캡처된 영역 확인

❷ 자유형 캡처

캡처하고자 하는 영역을 마우스로 선택해 '원하는 모양'으로 자유롭게 캡처할 수 있습니다.
마우스를 드래그해 영역을 지정해 보세요.

> **Tip** | 드래그 시 시작점과 끝점이 만나야 캡처 영역이 지정됩니다.

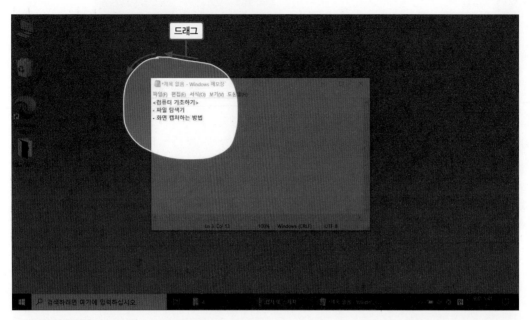

▲ 캡처할 영역 지정

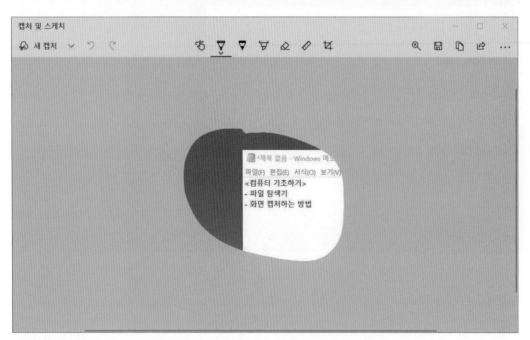

▲ 캡처된 영역 확인

❸ 창 캡처

바탕 화면에 열려 있는 창 중 하나를 선택하면 해당 '창 영역'만 통째로 캡처할 수 있습니다.

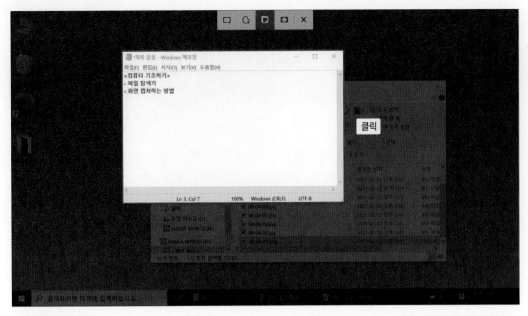

▲ 캡처할 영역 지정

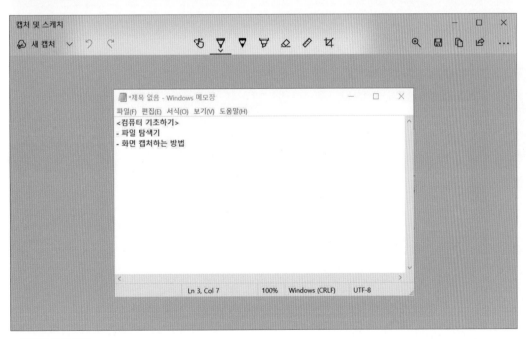

▲ 캡처된 영역 확인

컴퓨터 작업이 편리해지는 윈도우 기본 앱 사용하기

❹ 전체 화면 캡처

현재 모니터 화면에 보이는 화면을 전부 캡처할 수 있습니다.

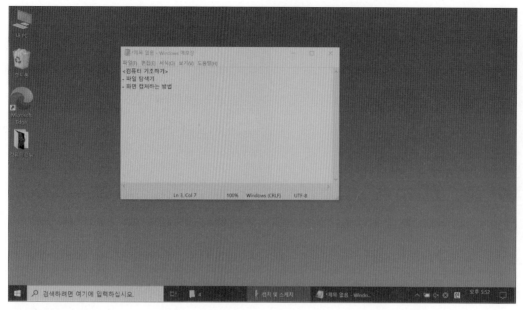

▲ 캡처할 영역 지정

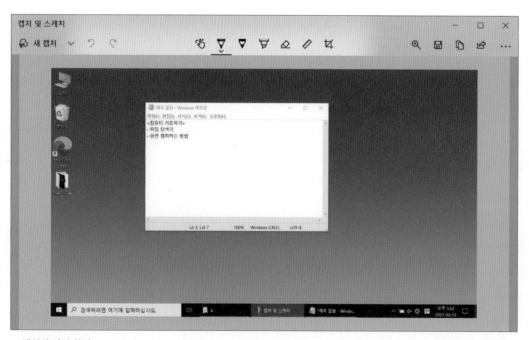

▲ 캡처된 영역 확인

03 캡처한 화면 편집하기

캡처한 화면을 자르거나, 그 위에 그림을 그리는 등 간단하게 편집할 수 있습니다.

❶ [볼펜], [연필], [형광펜] 도구   ❷ [지우개] 도구   ❸ [이미지 자르기] 도구

❶ [볼펜], [연필], [형광펜] 도구

캡처된 화면에 마우스로 글자를 쓰거나 그림을 그릴 수 있습니다. 선택한 도구를 한 번 더 클릭하면 색과 크기를 변경할 수 있습니다.

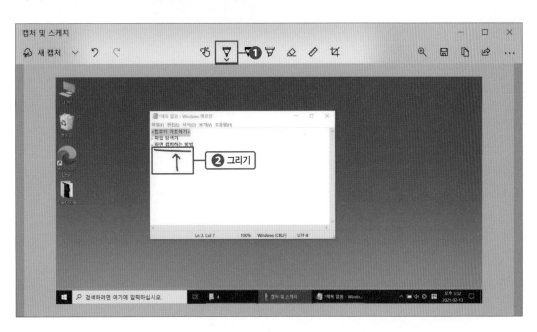

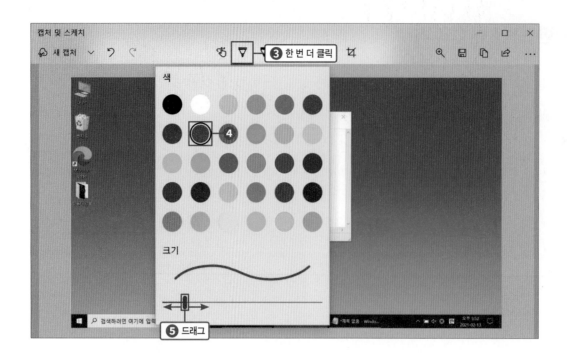

❷ [지우개] 도구

볼펜, 연필, 형광펜으로 표시한 부분을 마우스로 드래그해 지울 수 있습니다.

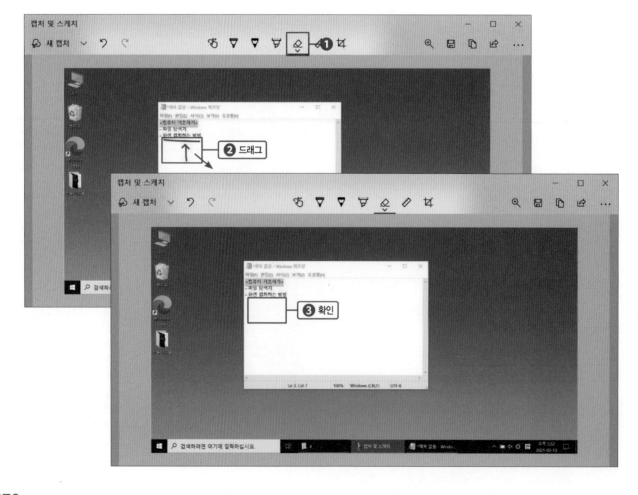

❸ [이미지 자르기] 도구

사각형 꼭짓점의 동그라미에 마우스 커서를 올려 드래그하면 영역을 지정할 수 있습니다.
원하는 영역을 저장한 후 ☑을 클릭해 제외된 부분을 잘라냅니다.

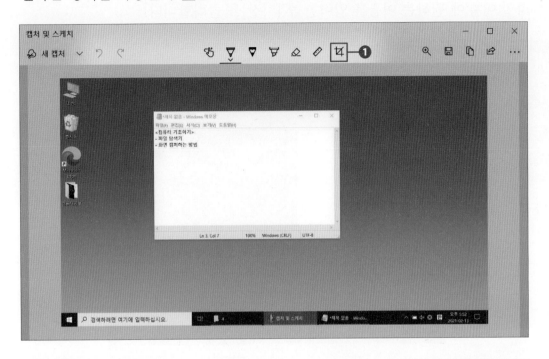

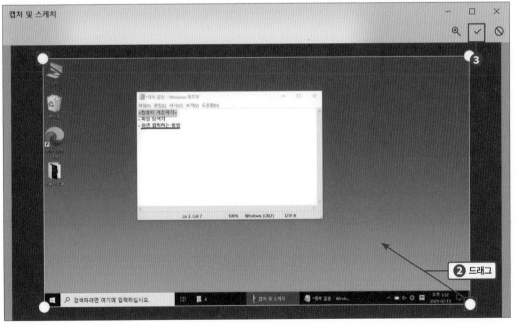

04 캡처한 화면 저장하기

[다른 이름으로 저장(🖫)]을 클릭하면 캡처한 화면을 파일로 저장할 수 있습니다. 저장 위치를 지정하고 '파일 이름'에 원하는 이름을 입력한 후 [저장]을 클릭합니다.

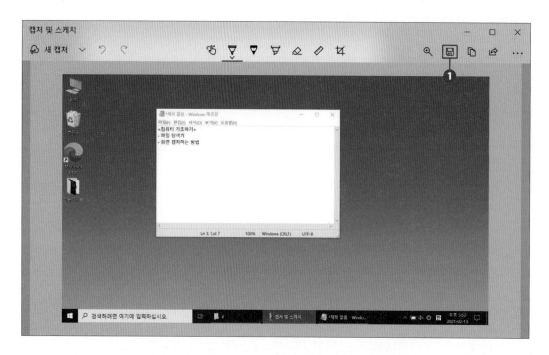

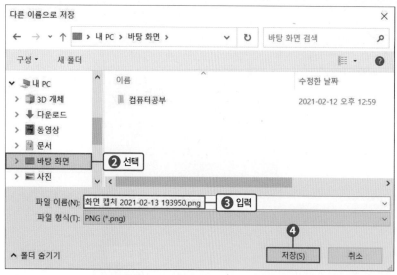

05 사진 편집하고 저장하기

컴퓨터에 저장된 이미지를 확인하고 싶나요? 필요 없는 부분을 잘라내거나, 색감을 바꿔 보는 것은 어때요? '사진' 앱을 이용해 간단한 편집 방법을 익혀 봅시다.

01 '사진' 앱 실행하기

'사진' 앱으로 이미지 파일을 확인할 수 있습니다.

'사진' 앱을 실행해 이미지 파일을 확인해 봅시다. 편집할 이미지 파일을 더블 클릭해 보세요.

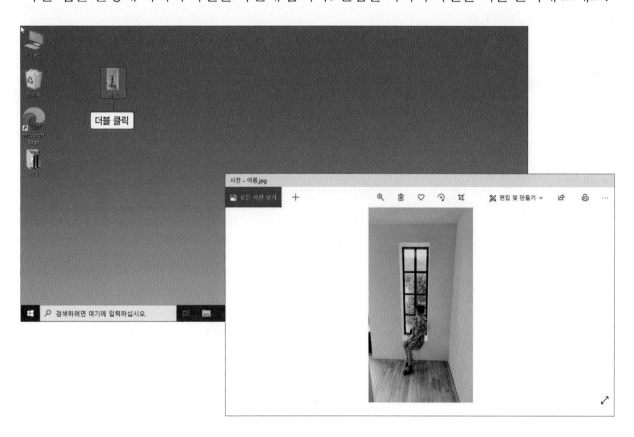

8

컴퓨터 작업이 편리해지는 윈도우 기본 앱 사용하기

173

▲ '그림판' 앱에서 실행되는 경우　　　　　　　　　　　▲ '캡처 및 스캐너' 앱에서 실행되는 경우

사진 파일을 실행하는 앱이 '사진' 앱이 아니라 다른 앱으로 설정되어 있기도 해요. 이런 경우 더블 클릭하여 파일을 실행했을 때, 다른 앱에서 열릴 수 있어요.

'사진' 앱으로 사진 파일을 열려면 사진 파일을 마우스 오른쪽 버튼으로 클릭하고 [연결 프로그램] – [사진]을 차례대로 클릭합니다.

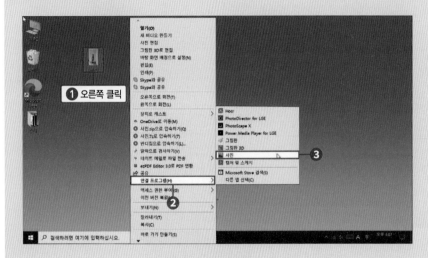

02 사진 확인하고 편집하기

'사진' 앱에서는 사진 파일을 확인하고 간단하게 편집할 수도 있습니다. 사진의 불필요한 부분을 잘라낼 수도 있고, 필터 효과를 이용하면 사진을 '밝게' 만들거나 '흑백'으로 변경하는 등 세부 사항 조절도 가능합니다.

❶ 확대 / 축소

🔍을 클릭한 후 조절 바를 드래그하면 사진을 확대하거나 축소할 수 있습니다. 조절 바를 오른쪽으로 이동할 수록 사진이 확대됩니다.

❷ 삭제

🗑을 클릭해 사진 파일을 삭제할 수 있습니다.

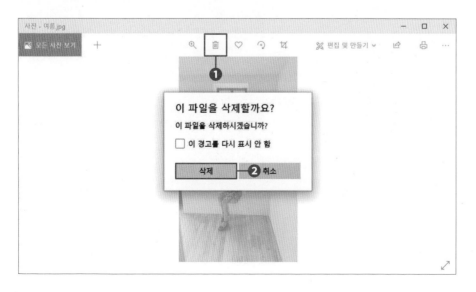

❸ 회전

🔄를 클릭할 때마다 사진이 시계 방향으로 90도씩 회전됩니다.

❹ 자르기

🔲를 클릭한 후 사진을 원하는 크기로 자를 수 있습니다. 마우스를 드래그해 모서리를 조정하고 [복사본 저장]을 클릭합니다.

Tip | [복사본 저장]을 클릭하면 잘린 파일이 새로운 파일로 저장됩니다.

❺ 편집 및 만들기

사진 파일에 그림 혹은 텍스트를 추가하거나 3D 효과를 적용하는 등의 다양한 방법으로 편집할 수 있습니다.

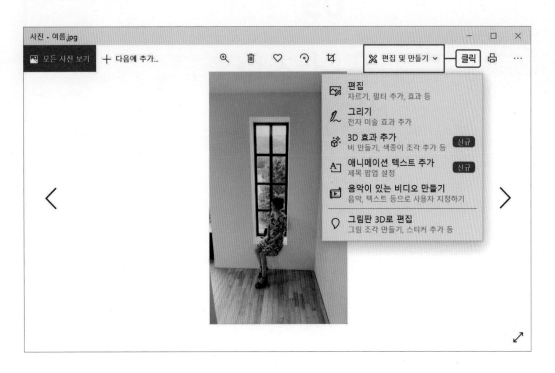

 Q&A **사진을 좀 더 예쁘게 꾸미고 싶어요.**

사진 앱에서는 [필터], [조정] 기능을 이용해 사진 파일을 예쁘게 꾸밀 수 있습니다. [편집 및 만들기]-[편집]을 클릭해 사진 편집 창으로 이동합니다. [필터]를 클릭하면 여러 가지 필터 중 원하는 것을 선택해 사진의 색감을 바꿀 수 있습니다. [조정]을 클릭하면 사진의 밝기나 선명도를 조절할 수 있어요.

▲ 필터 적용

▲ 조정 설정

09

컴퓨터 초보
벗어나기

지금까지 컴퓨터의 기본 사용법을 알아보았어요. 기초를 탄탄히 다졌으니 컴퓨터를 활용할 때 자신감을 가져도 좋아요. 이제 한 단계 더 나아가서 내 컴퓨터를 설정하고 관리하는 방법을 알아봅시다.

컴퓨터를 켰는데 암호를 입력하라고 해요.

설치 파일을 다운로드할 때 32비트와 64비트 중 한 가지를 선택해야 한대요. 아무거나 누르면 되나요?

스마트폰에 있는 사진이나 동영상 파일을 컴퓨터로 옮기고 싶어요.

압축된 파일은 어떻게 다시 풀 수 있나요?

앱이 멈췄어요. 창이 닫히지도 않는데… 컴퓨터 전원 버튼을 눌러야 할까요?

컴퓨터를 사용하면서 이런 궁금증이 생긴 적 있나요? 컴퓨터를 더 정확하고 자신 있게 다룰 수 있도록 지금 바로 다음 내용을 확인해 봅시다!

01 나만의 컴퓨터 만들기 '사용자 계정 설정하기'

공용 컴퓨터를 사용하면 설정을 내가 원하는 대로 바꾸기가 어렵습니다. 한 대의 컴퓨터를 여러 명이 공유할 때는 나만의 '사용자 계정'을 만들어 봅시다. 개인 컴퓨터를 사용하는 것처럼 설정을 변경할 수 있어요.

01 '사용자 계정'이 무엇인가요?

하나의 컴퓨터를 여러 사람과 함께 사용해야 하는 경우가 있습니다. 이때 '사용자 계정'을 추가하면 개인 컴퓨터처럼 사용할 수 있습니다.

예를 들어, 한 컴퓨터에 '곽은지', '욜디', '컴퓨터기초'라는 세 개의 사용자 계정을 등록한 경우, 각각의 사용자 계정으로 로그인하면 컴퓨터를 서로 다르게 설정할 수 있습니다. 즉, 컴퓨터를 각자 독립적으로 사용할 수 있는 것입니다. 또한 계정에 비밀번호를 설정하면 해당 계정의 암호를 아는 사용자만 로그인할 수 있습니다.

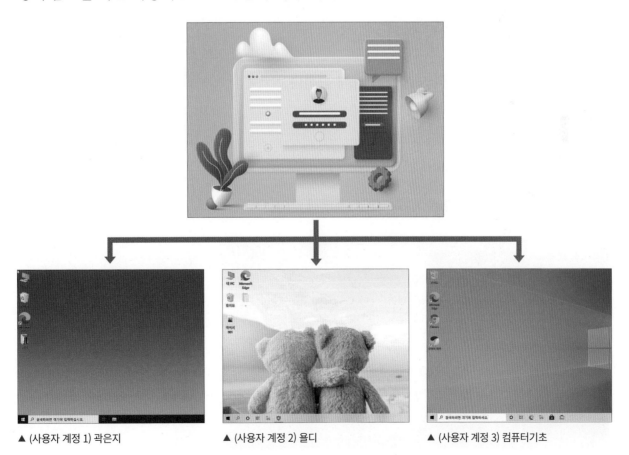

▲ (사용자 계정 1) 곽은지　　　▲ (사용자 계정 2) 욜디　　　▲ (사용자 계정 3) 컴퓨터기초

9

컴퓨터 초보 벗어나기

179

02 '사용자 계정' 확인하기

[시작(⊞)]을 클릭하고 [사용자 계정(🔲)]에 마우스 커서를 올려 보세요. 현재 사용 중인 '사용자 계정'의 이름을 확인할 수 있습니다.

03 '사용자 계정' 추가하기

새로운 사용자 계정 '컴퓨터기초'를 추가해 봅시다.

무작정 따라하기

❶ [시작(⊞)]–[설정(⚙)]을 차례대로 클릭합니다.

② 'Windows 설정' 창이 나타나면 [계정]을 클릭합니다.

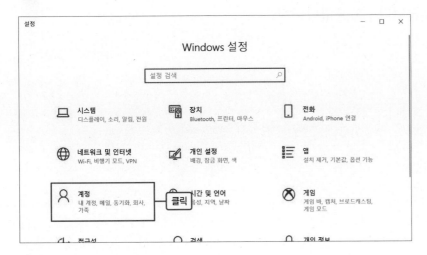

③ 왼쪽의 목록에서 [가족 및 다른 사용자]를 클릭한 후 [이 PC에 다른 사용자 추가]를 클릭합니다.

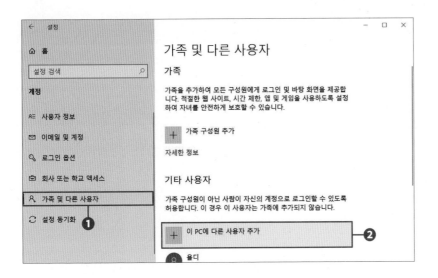

4 추가할 사용자의 '마이크로소프트 계정'을 입력해야 합니다. 계정이 없으면 [이 사람의 로그인 정보를 가지고 있지 않습니다.]를 클릭합니다.

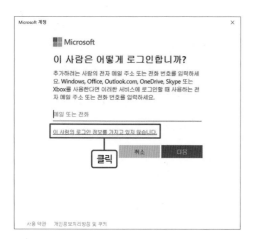

5 [Microsoft 계정 없이 사용자 추가]를 클릭합니다.

6 '사용자 이름'과 '보안 암호'를 입력합니다. '보안 암호'는 두 번 정확하게 입력합니다.

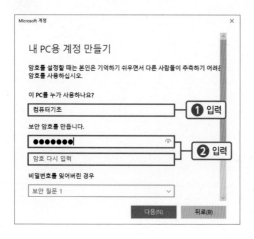

Tip | 보안 암호 입력 칸의 오른쪽 끝 ⓞ를 클릭하면 입력한 암호를 확인할 수 있어요.

7 보안 암호를 잊었을 때 다시 새로운 암호로 변경할 수 있도록 ⌄를 클릭해 '보안 질문'을 선택합니다.

 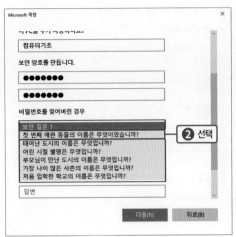

8 나만 알 수 있는 답변을 입력합니다. 보안 질문 1, 2, 3에 대한 답변을 모두 입력하고 [다음]을 클릭합니다.

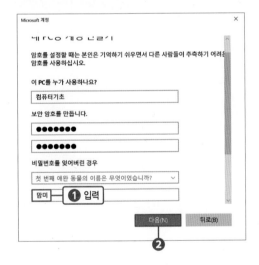

Tip | 질문과 답변을 잊어버리지 않도록 주의하세요!

9 '컴퓨터기초' 계정이 추가되었습니다.

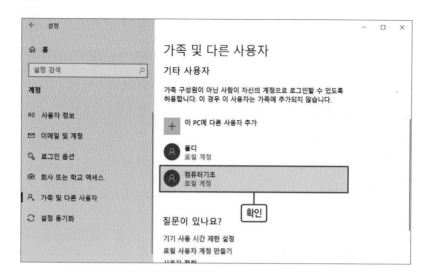

Q&A 계정을 없앤 후 다시 만들고 싶어요. 만든 계정을 삭제할 수 있나요?

삭제할 계정을 선택하고 [제거]를 클릭하면 계정이 삭제됩니다.

← 설정

⌂ 홈

설정 검색

계정

Aᴇ 사용자 정보

✉ 이메일 및 계정

🔍 로그인 옵션

🏢 회사 또는 학교 액세스

👤 가족 및 다른 사용자

🔄 설정 동기화

가족 및 다른 사용자

가족 구성원이 아닌 사람이 자신의 계정으로 로그인할 수 있도록
허용합니다. 이 경우 이 사용자는 가족에 추가되지 않습니다.

➕ 이 PC에 다른 사용자 추가

🧑 율디
  로컬 계정

🧑 컴퓨터기초
  로컬 계정   ❷ ❶

              계정 유형 변경   제거

질문이 있나요?

기기 사용 시간 제한 설정
로컬 사용자 계정 만들기

04 원하는 계정으로 로그인하기

새롭게 추가한 '컴퓨터기초' 계정으로 로그인해 봅시다.

무작정 따라하기

① [시작(⊞)]-[사용자 계정(👤)]을 클릭하면 컴퓨터에 등록된 계정이 모두 표시됩니다. 그 중 '컴퓨터기초' 계정을 클릭합니다.

② 윈도우 10 로그인 화면이 나타나면 암호를 입력하고 Enter를 누릅니다.

> **Tip** | 새로운 계정으로 처음 로그인
> 하면 사용자에게 맞는 윈도우 10 환
> 경을 설정해요. 잠시 기다려주세요.

3 [시작(▦)]-[사용자 계정(⊞)]을 클릭하면 '컴퓨터기초' 계정으로 로그인된 것을 확인할 수 있습니다.

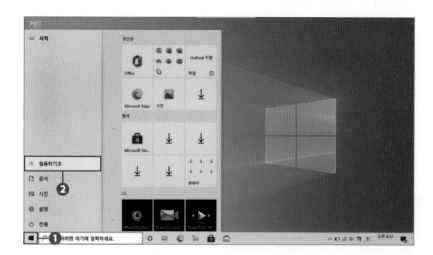

02

내 컴퓨터 사양 확인하기

앱을 다운로드하기 전에 내 컴퓨터의 운영 체제와 비트를 확인해야 합니다. 그런데 내 컴퓨터가 어떤 운영 체제를 사용하는지, 몇 비트인지 알지 못한다고요? 내 컴퓨터의 윈도우 버전과 사양을 확인하는 방법을 알아봅시다.

01 컴퓨터 기본 정보 확인하기

내가 사용하고 있는 컴퓨터의 기본 정보를 확인해 봅시다. 컴퓨터의 기본 정보를 정확히 알고 있어야 앱을 설치할 때 내 컴퓨터에 맞는 앱을 적절하게 선택할 수 있습니다.

무작정 따라하기

1 바탕 화면의 '내 컴퓨터'를 마우스 오른쪽 버튼으로 클릭한 후 [속성]을 클릭합니다.

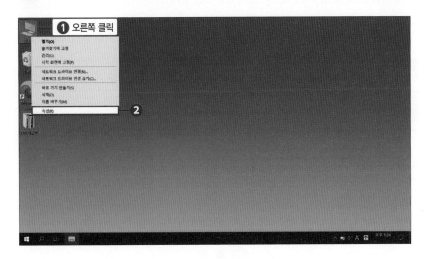

② 내 컴퓨터의 기본 정보를 확인할 수 있습니다.

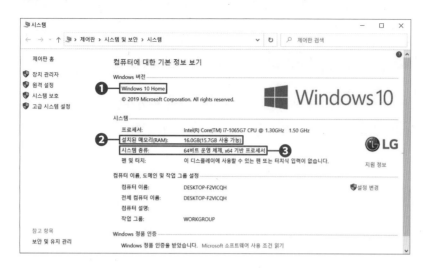

❶ Windows 버전: Windows 10

❷ 설치된 메모리(RAM): 16GB

❸ 시스템 종류: 64비트 운영 체제

Q&A 내 컴퓨터 기본 정보는 확인했는데 앱을 다운 받기 전에 뭘 확인해야 하나요?

설치하려는 앱의 다운로드 페이지를 살펴보면 앱을 설치할 수 있는 컴퓨터 정보(운영체제)를 확인할 수 있어요.
내 컴퓨터 정보와 비교한 후 알맞은 설치 파일을 선택하세요.

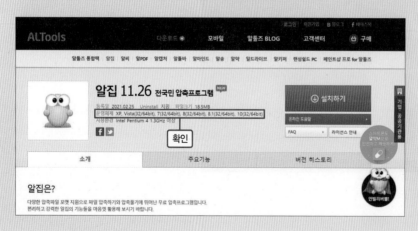

차곡차곡 실력 쌓기

내 컴퓨터의 사양을 확인해 빈칸을 채워 보세요.

❶ 윈도우 버전:

❷ 설치된 메모리:

❸ 시스템 종류:

03 필요 없는 앱 삭제하기

컴퓨터를 사용하다 보면 다양한 앱들을 다운로드하게 됩니다. 그런데 사용하지 않는 앱들이 쌓여 하드 디스크 용량을 쓸데없이 차지할 때가 있어요. 더 이상 필요하지 않은 앱들을 삭제해 컴퓨터의 저장 공간을 확보합시다.

01 앱 삭제하기

더 이상 사용하지 않는 앱을 삭제해 컴퓨터의 하드 디스크 용량을 확보하려고 합니다. 그런데 파일이나 폴더를 삭제할 때처럼 마우스 오른쪽 버튼으로 클릭해 '삭제'만 눌러서는 앱이 삭제되지 않습니다. 눈에 보이는 바로 가기 아이콘만 사라질뿐 앱은 그대로 남아 있기 때문이지요. 여기서는 앱을 완전히 삭제하는 방법에 대해 알아보겠습니다.

무작정 **따라하기**

1 '카카오톡' 앱을 삭제해 봅시다. [시작(⊞)]-[설정(⚙)]을 차례대로 클릭합니다.

> Tip | 카카오톡이 설치되어 있지 않다면 다른 앱을 삭제해 보세요.

9

컴퓨터 초보 벗어나기

189

2 'Windows 설정' 창의 [앱]을 클릭합니다.

Tip | 작업 표시줄 검색 상자에 '제거'를 검색한 후 [프로그램 추가/제거]를 클릭하면 [앱 및 기능] 창을 바로 확인할 수 있어요.

3 '앱 및 기능' 창에서 현재 컴퓨터에 설치된 앱을 모두 확인할 수 있습니다. '영어 알파벳' → '한글 가나다' 순으로 정렬되어 있습니다.

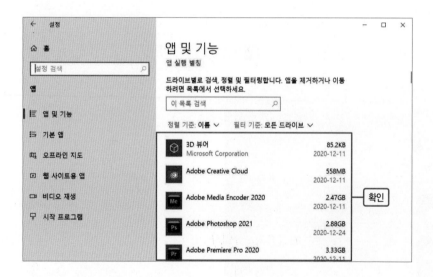

4 앱 목록에서 삭제할 앱 '카카오톡'을 찾아 선택한 후 [제거]를 클릭합니다.

Tip | 윈도우10 기본 앱은 삭제할 수 없는 경우도 있어요. 삭제할 수 없는 앱은 [제거] 버튼이 활성화되지 않아 클릭할 수 없어요.

5 앱 제거 창이 열리면 [다음]-[제거]를 클릭해 제거를 진행합니다.

6 앱 제거가 완료되면 [마침]을 누릅니다.

7 앱 목록에서 '카카오톡' 앱이 완전히 삭제되었습니다.

 Q&A **바탕 화면에 있는 '카카오톡' 아이콘만 삭제하면 안 되나요?**

바탕 화면에 있는 카카오톡 아이콘을 삭제하면 '바로 가기' 아이콘이 삭제되는 것이지 앱이 삭제되는 것이 아니예요. 그래서 바탕 화면에 있는 카카오톡을 삭제해도 '시작 메뉴'에는 앱이 남아 있어요.
[설정]-[앱]에서 '제거'해야 앱이 컴퓨터에서 완벽하게 삭제됩니다.

04 USB나 스마트폰에 있는 파일 컴퓨터로 옮기기

USB나 스마트폰에 저장된 사진, 동영상 등의 파일을 컴퓨터에서 확인하고 싶을 때가 있죠? 파일을 컴퓨터로 옮기는 방법을 알아보겠습니다.

01 'USB 메모리'에 저장된 파일이나 폴더를 컴퓨터로 옮기기

'USB 메모리'는 이동식 기억 장치입니다. 컴퓨터에서 컴퓨터로 파일을 옮길 때 사용합니다. 예전에는 '플로피 디스켓'이나 'CD-ROM'에 파일을 담아서 가지고 다녔지만 지금은 거의 사용하지 않습니다. 작고 가벼운 간편한 USB 메모리가 등장했기 때문입니다.

무작정 따라하기

❶ 'USB 메모리'에 저장된 '여행사진' 폴더를 컴퓨터 바탕 화면으로 복사해 봅시다. USB 커넥터를 본체의 USB 단자에 꽂습니다.

> Tip | 단자의 홈을 잘 맞춰 꽂아야 해요. 억지로 꽂으면 단자가 망가질 수 있어요.

9

컴퓨터 초보 벗어나기

193

② 작업 표시줄 오른쪽에 나타나는 메시지 상자를 클릭하면 USB 메모리 장치로 수행할 작업을 선택할 수 있습니다. 그 중 [폴더를 열어 파일 보기]를 클릭합니다.

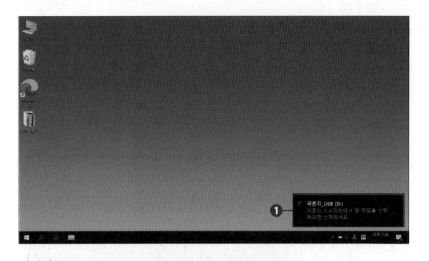

> **Tip** | USB 자동 인식 창이 나타나지 않는다면 [내 PC]의 '장치 및 드라이브'에서 USB 폴더를 찾아보세요.

③ '파일 탐색기' 창이 열리면 USB 메모리에 저장된 파일을 모두 확인할 수 있습니다.

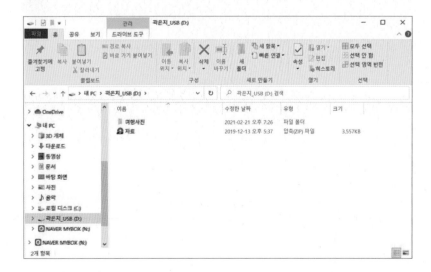

4 '여행사진' 폴더를 마우스 오른쪽 버튼으로 클릭하고 [복사]를 선택합니다.

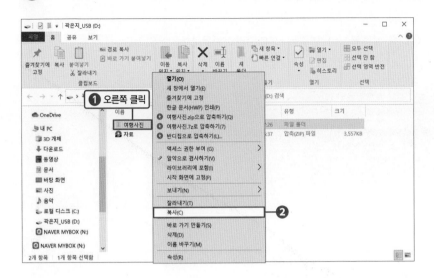

5 바탕 화면의 빈 공간을 마우스 오른쪽 버튼으로 클릭한 후 [붙여넣기]를 클릭합니다.

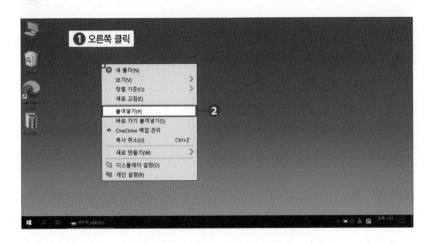

6 바탕 화면에 '여행사진' 폴더가 복사되었습니다.

> **Tip** │ 컴퓨터에 있는 파일을 복사해 USB 저장 장치로 붙여넣기 할 수도 있어요.

파일 탐색기 왼쪽 탐색창의 [내 PC] 아래를 살펴봅시다. 연결된 USB 드라이브를 찾을 수 있어요.

02 스마트폰에 저장된 파일을 컴퓨터로 옮기기

스마트폰에 저장된 파일을 컴퓨터로 옮기는 경우 다음과 같이 여러 가지 방법을 이용할 수 있습니다.

- 데이터 케이블 연결
- 갤럭시, 아이폰 전용 파일 전송 프로그램 이용
- 클라우드 이용
- 카카오톡 이용

여러 방법중 '카카오톡' 앱을 활용해 파일을 옮기는 것을 추천합니다! '카카오톡' 은 평소에도 자주 사용하는 앱이므로 따로 설치하지 않아도 될 뿐만 아니라, 모든 스마트폰 기종에서 같은 방법으로 사용할 수 있기 때문입니다. 사용 방법 역시 복잡하지 않고 간단합니다.
215쪽의 <Q&A>를 참고하세요.

05 압축 파일 확인하기

압축된 파일은 압축을 해제해야 사용할 수 있습니다. 기본 파일 탐색기를 이용해도 파일을 압축하고 풀 수 있지만, 압축 앱을 이용하면 좀 더 편리하게 이용할 수 있답니다.

01 압축 앱이란 무엇인가요?

139쪽에서 '압축'이 무엇인지 알아보았습니다. 파일이나 폴더를 압축하면 용량이 줄어들어, 하드 디스크의 여유 공간을 확보할 수 있고 전송 속도도 빨라집니다. 이렇게 압축해 놓은 파일이나 폴더를 다시 이용하고 싶다면 압축을 반드시 해제해야 합니다. 압축된 상태에서는 파일을 수정할 수 없기 때문입니다.

'압축' 앱을 이용하면 파일이나 폴더의 압축 및 해제가 편리해집니다. 압축 앱의 종류를 알아보고 설치 및 사용 방법을 알아봅시다.
가장 대중적으로 사용하는 압축 앱에는 '알집', '반디집' 등이 있습니다. 사용하는 압축 앱에 따라 다음과 같이 압축 파일의 아이콘이 다르게 보입니다.

▲ 반디집

▲ 알집

▲ 파일 탐색기

02 압축 앱 설치하기

여러 가지 압축 앱 중 '반디집' 앱을 컴퓨터에 설치해 봅시다. 반디집 홈페이지에서 설치 파일을 무료로 다운로드할 수 있습니다.

9

컴퓨터 초보 벗어나기

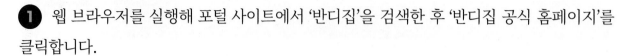

무작정 **따라하기**

① 웹 브라우저를 실행해 포털 사이트에서 '반디집'을 검색한 후 '반디집 공식 홈페이지'를 클릭합니다.

Tip │ 'Microsoft Edge(마이크로 소프트 엣지)'나 'Chrome(크롬)' 등의 웹 브라우저를 이용하세요.

② [반디집 다운로드]를 클릭하고 하단 다운로드 알림 표시줄의 [파일 열기]를 클릭합니다.

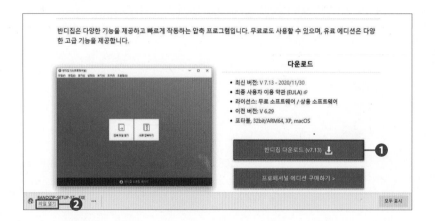

3 설치 창이 나타나면 [동의 및 설치]를 클릭해 반디집 앱 설치를 진행합니다. 설치가 완료되면 [닫기]를 클릭합니다.

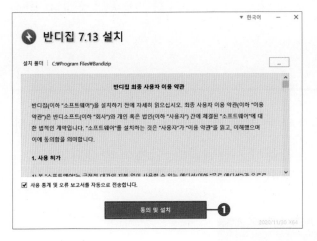

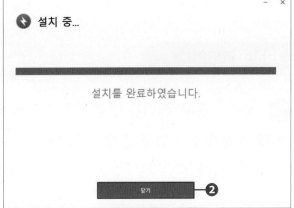

4 '환경 설정' 창에서 [확인]을 클릭하면 반디집 앱 설치가 완료됩니다.

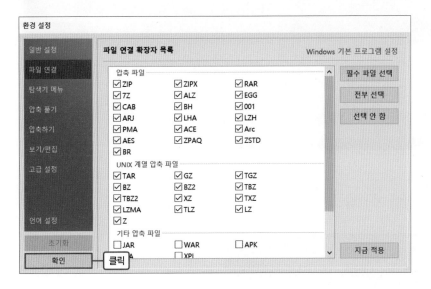

<u>03</u> 반디집으로 폴더 압축하기

'컴퓨터공부' 폴더를 압축해 봅시다.

❶ '컴퓨터공부' 폴더를 마우스 오른쪽 버튼으로 클릭한 후 ['컴퓨터공부.zip'으로 압축하기]를 클릭합니다. 압축 창이 나타나며 자동으로 압축이 진행됩니다. 압축이 완료되면 [닫기]를 클릭합니다.

❷ '컴퓨터공부' 압축 파일이 만들어졌습니다.

200

04 반디집으로 폴더 압축 풀기

'컴퓨터공부' 압축 파일을 풀어봅시다.

무작정 **따라하기**

1 '컴퓨터공부' 알집 파일을 마우스 오른쪽 버튼으로 클릭한 후 [반디집으로 압축 풀기]를 클릭합니다.

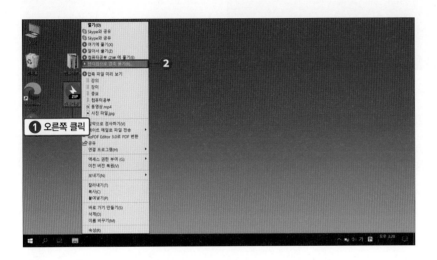

2 압축을 풀 파일의 위치를 '바탕 화면'으로 지정한 다음 [확인]을 클릭합니다. 압축 풀기가 완료되면 [닫기]를 클릭합니다.

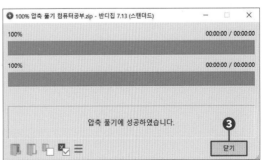

9

컴퓨터 초보 벗어나기

③ 바탕 화면에 압축이 풀린 '컴퓨터공부(2)' 폴더가 만들어집니다. 폴더 안의 파일을 확인하고 수정할 수 있습니다.

 Q&A 왜 압축이 풀린 폴더의 이름에 '(2)'가 붙어 있나요?

압축을 풀 때 바탕 화면에 이미 '컴퓨터공부'라는 이름의 폴더가 있었기 때문입니다. 같은 이름의 폴더를 또 만들 수 없으므로 자동으로 폴더명 뒤에 '(2)'가 붙습니다. 기존의 폴더와 압축을 푼 폴더를 구분할 수 있습니다.

06 실행 중인 앱 강제 종료하기 '작업 관리자'

열심히 작업 중이었는데 앱이 갑자기 멈춰 먹통이 된 적 있나요? 이런 경우 당황스러워 하지 말고 '작업 관리자' 창을
실행해 응답 없는 앱을 종료해 봅시다.

01 응답 없는 앱 종료하기

앱을 사용하다 보면 갑자기 앱이 중단되는 경우가 발생하기도 합니다. 작업 표시줄에 '응답
없음'이라는 표시가 나타나며 화면이 뿌옇게 변한 경험이 있을 거예요. 해당 앱으로 작업을
완료할 수 없을 뿐만 아니라 컴퓨터도 멈춰 매우 난감해지곤 합니다.

이런 경우 '작업 관리자' 창을 실행해 봅시다. 응답 없는 앱만 종료하면 컴퓨터를 다시 시작하
지 않아도 됩니다.

무작정 따라하기

❶ '(응답없음)' 표시가 된 앱을 종료해 봅시다. [시작(⊞)]을 마우스 오른쪽 버튼으로 클릭
하고 [작업 관리자]를 클릭합니다.

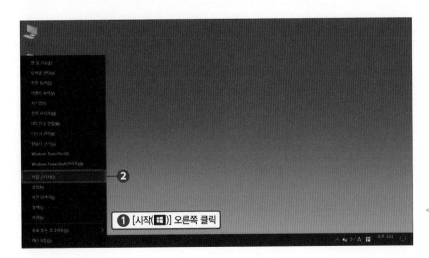

> Tip | ⊞ + X를 눌러도 '작업 관리
> 자' 창을 실행할 수 있습니다.

9

컴퓨터 초보 벗어나기

② '작업 관리자' 창이 나타납니다. 현재 실행 중인 앱이 모두 표시되어 있습니다. 그 중 '(응답 없음)'이라고 표시된 앱을 선택한 후 [작업 끝내기]를 클릭합니다.

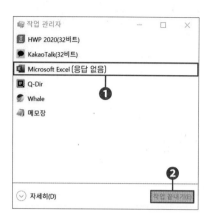

Q&A 🗨️ **작업 관리자 창을 열었는데 더 복잡한 창이 열렸어요.**

창의 왼쪽 아래 [간단히]를 클릭하면 앱의 목록만 간단히 확인할 수 있어요.

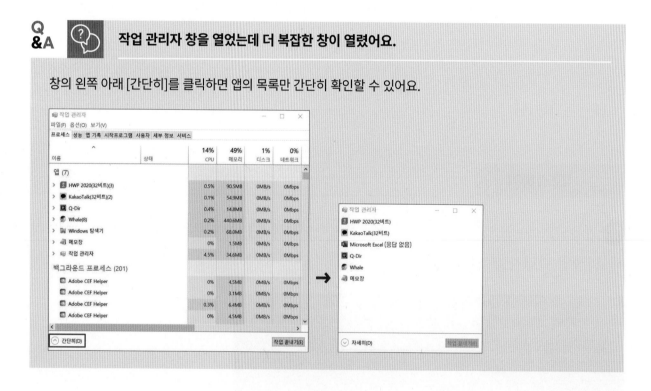

07 PC버전 '카카오톡' 앱 사용하기

컴퓨터를 사용할 때는 PC버전 '카카오톡'으로 대화해 보세요. 키보드를 치며 대화하다 보면 자연스럽게 타자 실력도 늘겠죠? PC버전 카카오톡을 활용하면 스마트폰에 있는 사진, 동영상을 컴퓨터에 쉽게 저장할 수도 있어요.

01 PC버전 '카카오톡' 앱 설치하기

스마트폰으로 가장 자주 사용하는 앱 중 하나가 바로 '카카오톡'일 거예요. 사람들과 대화를 나누고, 사진과 동영상 등을 공유하며 일상을 활기차게 만들어 주고 있죠.

매일 만나는 카카오톡을 컴퓨터에서도 사용할 수 있다는 사실을 알고 있나요? 컴퓨터에 PC 버전 카카오톡을 설치해 봅시다. 컴퓨터로 작업할 때도 카카오톡을 이용해 사람들과 대화를 나눌 수 있습니다.

무작정 따라하기

1 웹 브라우저를 실행하여 '카카오톡'을 검색한 후 '카카오톡' 홈페이지를 클릭합니다.

2 홈페이지 오른쪽 상단의 [다운로드]를 클릭하면 PC 버전 카카오톡 앱을 다운로드할 수 있는 메뉴가 나타납니다. 그 중 [Windows]를 클릭합니다.

Tip | Windows 운영 체제 컴퓨터를 사용하고 있기 때문에 [Windows]를 선택합니다.

3 하단 다운로드 알림 표시줄의 [파일 열기]를 클릭합니다.

4 앱 설치가 시작됩니다. '언어 선택' 창이 나타나면 '한국어'를 선택한 후 [OK]를 클릭합니다.

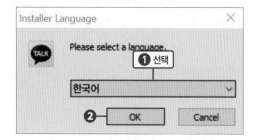

⑤ 설치 창이 나타나면 [다음]을 클릭합니다. '설치 폴더'는 기본 설정을 유지하고 [다음]을 클릭합니다.

 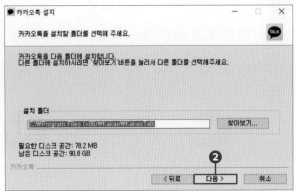

⑥ 설치 구성 요소를 선택합니다. 'Daum을 시작페이지로 설정' 앞 체크 표시(☑)를 클릭하여 체크를 해제(☐)하고 [설치]를 클릭합니다. [마침]을 클릭하면 앱 설치가 완료됩니다.

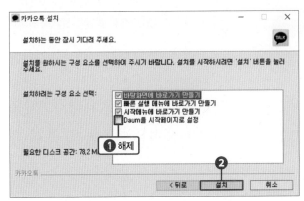 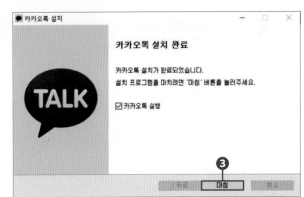

> **Tip** | '카카오톡 실행'을 체크(☑)하고 [마침]을 클릭하면 설치가 완료되고 카카오톡이 바로 실행됩니다.

02 PC버전 '카카오톡' 앱 로그인하기

'카카오톡'을 스마트폰과 똑같이 이용하려면 PC버전에서도 내 '카카오계정'으로 로그인해야 합니다. '카카오계정'이란 내가 처음 카카오톡에 가입할 때 입력한 이메일 또는 전화번호를 의미합니다.

> **Tip** | 만약 카카오계정 또는 비밀번호가 기억나지 않는다면 210쪽을 참고하세요!

❶ 스마트폰 앱에서 가입했던 '카카오계정'과 비밀번호를 입력하고 [로그인]을 클릭합니다. '카카오계정'은 이메일 또는 전화번호 형식입니다.

> **Tip** | 공용 컴퓨터를 사용하고 있다면 '자동로그인' 앞 체크 박스(☑)를 클릭해 체크를 해제해 주세요.

❷ PC버전 카카오톡 앱을 처음 사용하는 경우 '보안용 인증'을 진행해야 합니다. [보안용 인증 계속하기]를 클릭합니다. 상황에 맞게 [내 PC 인증받기] 또는 [1회용 인증받기] 중 한 가지를 선택합니다.

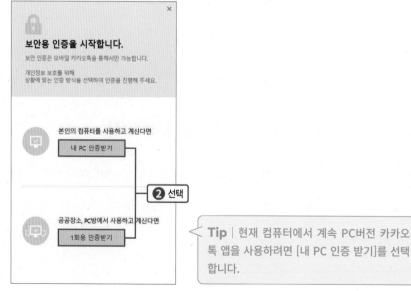

> **Tip** | 현재 컴퓨터에서 계속 PC버전 카카오톡 앱을 사용하려면 [내 PC 인증 받기]를 선택합니다.

③ 스마트폰에서 '카카오톡' 앱을 실행해 카카오톡에서 보낸 '인증 요청 안내' 메시지에 따라 인증을 진행합니다.

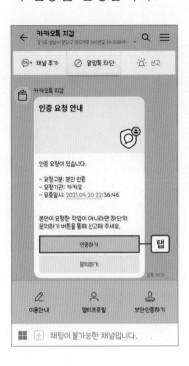

④ PC버전 카카오톡에 로그인이 완료되었습니다. 이제 컴퓨터에서도 카카오톡으로 대화할 수 있습니다.

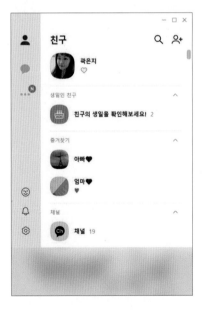

• '카카오 계정' 확인하기

❶ 스마트폰의 카카오톡 앱을 실행한 후 상단의 ⚙–[전체 설정]을 차례로 누르세요. '설정' 창이 열리면 [개인/보안]을 누릅니다.

❷ '개인 정보'의 [카카오계정]을 누르면 카카오톡 계정(이메일 또는 전화번호)을 확인할 수 있습니다.

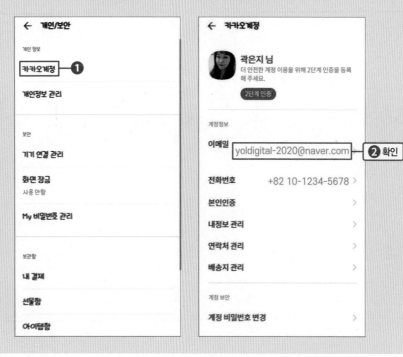

- **비밀번호 변경하기**

비밀번호를 잊은 경우 새 비밀번호를 설정해야 합니다. PC 버전 카카오톡 앱 하단의 [비밀번호 재설정]을 클릭하면 비밀번호를 다시 설정할 수 있는 웹 페이지가 나타납니다. 안내에 따라 비밀번호를 다시 설정하세요.

03 PC버전 카카오톡 앱 사용하기

앱 화면 구성

PC버전 카카오톡 앱도 스마트폰에서 사용하던 카카오톡 앱과 크게 다르지 않습니다. 그렇지만 조금씩 다른 메뉴들이 있으니 한 번 살펴봅시다.

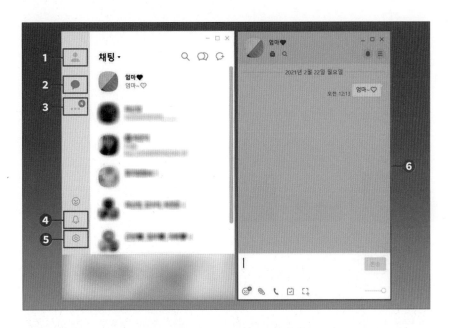

❶ 친구 목록 확인 ❷ 대화 목록 확인 ❸ 더보기 ❹ 알림 설정 ❺ 앱 설정 ❻ 대화 창

사진, 동영상 파일 보내기

컴퓨터에 있는 사진이나 동영상 등의 파일을 PC버전 카카오톡 앱을 통해 스마트폰으로 전송할 수 있습니다.

무작정 **따라하기**

1 친구 목록에서 파일을 보내고자 하는 친구를 선택해 더블 클릭하면 대화 창이 열립니다. 대화 창 아래 [파일전송]을 클릭합니다.

> **Tip** | 파일을 대화 창에 직접 드래그 앤 드롭해서 전송할 수도 있어요.

2 '열기' 창이 나타나면 보낼 사진 파일을 선택하고 [열기]를 클릭합니다.

> **Tip** | 동영상 파일도 같은 방법으로 전송할 수 있어요.

③ 선택한 사진 파일이 전송되었습니다.

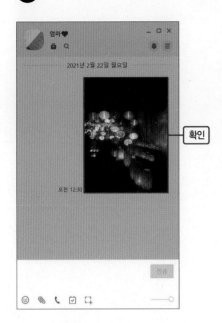

확인

Q&A 사진 파일을 하나씩 보내야 하나요? 한꺼번에 다 보내고 싶어요.

❶ '열기' 창에서 여러 파일을 선택한 후 [열기]를 클릭하세요.

❶ Ctrl + 클릭

Tip | 키보드의 Shift 또는 Ctrl을 누른 상태에서 파일을 클릭하면 여러 개의 파일을 한꺼번에 선택할 수 있어요.

❷ '사진 묶어보내기' 기능을 이용하면 사진을 한꺼번에 묶어서 보낼 수 있어요.

사진, 동영상 파일 컴퓨터에 저장하기

다른 사람이 카카오톡으로 보낸 사진이나 동영상 파일을 내 컴퓨터에 저장하고 싶다면 어떻게 해야 할까요? 컴퓨터 바탕 화면에 저장하는 방법을 알아봅시다.

무작정 따라하기

❶ 카카오톡 대화방에서 전송받은 사진 파일을 클릭하면 사진 창이 나타납니다. 아래의 ⬇을 클릭합니다. 전송 받은 사진을 전부 저장하려면 [묶음사진 전체저장]을 클릭합니다.

Tip | 화면에 크게 나타난 사진만 저장하려면 [이 사진만 저장]을 클릭합니다.

214

② 파일을 저장할 폴더 위치를 지정합니다. 파일을 찾기 쉽도록 '바탕 화면'을 선택하고 [폴더 선택]을 클릭합니다.

③ 바탕 화면에 꽃 사진 파일이 모두 저장되었습니다.

> Tip | 같은 방법으로 동영상 파일도 저장할 수 있습니다.

 Q&A 　**내 스마트폰으로 촬영한 사진이나 동영상을 컴퓨터에 옮기고 싶어요.**

스마트폰 카카오톡 앱의 프로필을 눌러 [나와의 채팅]을 실행하면 자기 자신에게 파일을 전송할 수 있습니다. 스마트폰으로 사진이나 동영상을 촬영하고 [나와의 채팅]으로 나에게 사진을 전송합니다. PC버전 카카오톡 앱을 실행해 이렇게 전송된 사진을 컴퓨터에 저장해 보세요.

차곡차곡 실력 쌓기　　　　　　　　배운 내용을 영상을 통해서 정리해 봅시다. ▶

<u>10</u>

컴퓨터 기초 정복!
이제 무엇을 할 수 있을까요?

컴퓨터를 혼자서도 잘 다룰 수 있게 되면 가장 먼저 무엇을 하고 싶나요?

> 지금까지 손으로 적었던 내용을 한글, 오피스 앱을 이용해 문서로 만들고 싶어요.

> 인터넷으로 쇼핑을 하고 싶어요. 영화표나 기차표도 예매하고요.

> 유튜브 영상을 많이 보는데, 내가 찍은 영상도 유튜브에 업로드할래요.
> 다른 사람들과 공유하고 싶거든요.

어렵고 복잡하게만 느껴져 전부 머릿속으로 상상만 해오던 일이었다고요?

이제 여러분은 컴퓨터로 무엇이든 할 수 있습니다! 차근차근 기초부터 갈고 닦았기 때문에 더이상 컴퓨터를 낯설어 하거나 두려워 할 필요 없어요.

앞으로 컴퓨터를 통해 어떤 멋진 일을 할 수 있는지 알려드릴게요!

01 정보의 바다 '인터넷'

여러분은 이미 스마트폰을 통해 인터넷을 익숙하게 사용하고 있을 거예요.

이제는 컴퓨터에서도 인터넷을 이용해 볼까요? 인터넷을 이용해 궁금했던 것들을 검색할 수 있어요. 뉴스 기사를 읽거나 유튜브 영상을 시청할 수도 있죠. 무수히 많은 정보를 나의 것으로 만들 준비가 되었나요?

01 인터넷으로 무엇을 할 수 있나요?

인터넷을 이용해 할 수 있는 일은 정말로 무궁무진합니다.

궁금한 내용을 검색하거나 동영상을 시청하는 것은 이미 우리 생활에 익숙하게 자리잡았습니다. 인터넷에서 물건을 구매하거나 은행 업무를 볼 수도 있어요. 집에서도 얼마든지 필요한 일들을 척척 해결할 수 있게 된 거예요.

이처럼 인터넷은 우리 생활을 편리하게 바꿔 주고 있습니다.

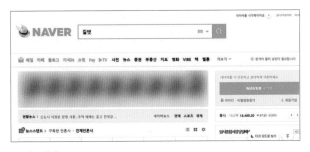

▲ 정보검색

▲ 이메일 주고받기

▲ 은행 인터넷 뱅킹

▲ 민원서류 발급

10

컴퓨터 기초 정복! 이제 무엇을 할 수 있을까요?

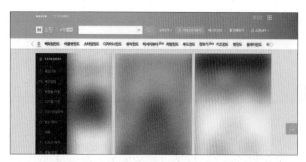

▲ 물건 사기(온라인 쇼핑)

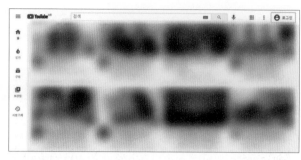

▲ 유튜브

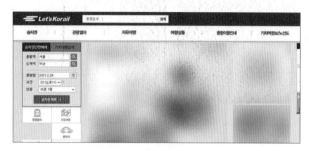

▲ 기차, 영화표 예매하기

▲ 게임

02 인터넷 기본 용어

인터넷을 통해 많은 일들을 하고 있지만 정작 '인터넷'이 무슨 의미인지 정확히 모르고 사용하는 경우가 많습니다. 인터넷과 관련된 기본적인 용어들을 알아봅시다. 어렵게 생각하지말고 가벼운 마음으로 읽어 보세요.

네트워크(Network)

자료(데이터)를 공유할 수 있도록 컴퓨터와 컴퓨터 사이를 연결해 주는 연결망입니다.

인터넷(Internet)

네트워크를 사용할 수 있도록 도와주는 기술입니다.
컴퓨터와 컴퓨터가 단순히 선으로 연결되어 있다고 해서 자료를 공유할 수 있는 것은 아닙니다. 그 '선'을 이용해 정보를 전달할 수 있는 '인터넷' 기술이 있어야 기기 간에 자료를 공유할수 있습니다.

웹 브라우저(Web Browser)

웹 브라우저를 이용해 인터넷에 접속해 인터넷상의 정보를 쉽게 읽고 볼 수 있습니다.

대표적인 웹 브라우저에는 '마이크로소프트 엣지(Microsoft Edge)', '구글 크롬(Google Chrome)', '애플 사파리(Apple Safari)' 등이 있어요.

> **Tip** | 아마 많은 사람들이 그동안 '인터넷 익스플로러(Internet Explorer)'를 사용해 왔을 거예요. 그런데 '인터넷 익스플로러'를 서비스하던 '마이크로소프트'에서 이 웹 브라우저를 더 이상 업그레이드하지 않기로 발표했어요.
> 아직까지는 인터넷 익스플로러를 사용할 수 있지만 언젠가는 중단될 예정이기 때문에 다른 웹 브라우저를 사용하는 것을 추천합니다. 마이크로소프트에서는 '마이크로소프트 엣지(Microsoft Edge)'를 새로 출시했어요.

아이피 주소(IP Address)

인터넷에 연결된 각각의 컴퓨터에 부여되는 숫자(예 222.123.58.150)입니다. 집마다 정해진 주소가 있듯이 인터넷에 연결된 컴퓨터도 각각 고유한 주소를 가지고 있어요. 따라서 인터넷에 악플을 쓰거나 온라인상에서 범죄를 저지르면 아이피 주소를 추적하여 범인을 찾아낼 수 있습니다.

Q&A 내 컴퓨터의 아이피 주소를 확인하고 싶어요.

현재 사용하고 있는 컴퓨터의 아이피 주소를 확인해 보겠습니다. 네이버 웹 사이트의 검색 상자에 '아이피 주소'를 검색하면 아이피 주소를 알 수 있습니다.

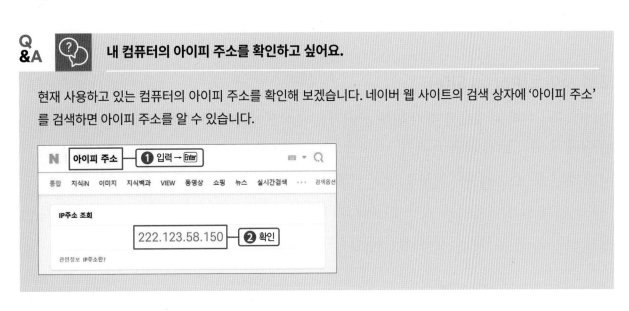

도메인 네임

숫자로 구성된 '아이피 주소'를 문자의 형태로 바꾸어 놓은 것입니다.

'222.123.58.150'와 같이 숫자로만 주소가 표시된다면 어떤 컴퓨터의 주소인지 한 번에 파악하기 어려워요. 그래서 주소를 좀 더 쉽게 알아볼 수 있도록 문자로 나타냅니다.

예를 들어, 'www.naver.com'과 같이 문자로 된 도메인 네임을 보면 네이버 홈페이지 주소라는 것을 바로 추측할 수 있어요.

홈페이지(Homepage)

웹 브라우저를 실행했을 때 가장 먼저 보이는 화면을 의미합니다. 내가 자주 방문하는 웹 사이트를 홈페이지로 설정하는 것이 좋습니다.

포털 사이트(Portal Site)

인터넷에서 원하는 정보를 찾기 위해 들어가는 사이트입니다.

집 안에 들어갈 때는 현관(Portal, 포털)을 지나야 합니다. '포털 사이트(Portal Site)'는 여기서 유래된 용어로, 원하는 정보를 찾기 위해서 들어가는 사이트라는 뜻입니다.

대표적인 포털 사이트에는 네이버, 구글, 다음 등이 있습니다. 정보 검색 서비스는 물론, 이메일 서비스, 뉴스 서비스 등을 제공해 편리한 인터넷 생활을 도와줍니다.

▲ 네이버(Naver)　　　▲ 구글(Google)　　　▲ 다음(Daum)

03 검색으로 필요한 정보 찾아보기

'정보의 바다'라고도 불리는 인터넷! 내가 필요로 하는 정보를 쏙쏙 찾아봅시다. '네이버' 포털 사이트에서 '길벗'을 검색해 보겠습니다.

무작정 따라하기

❶ 웹 브라우저를 실행한 후 주소 표시줄에 'www.naver.com'를 입력하고 Enter를 누릅니다. '네이버' 포털 사이트 창이 나타나면 검색 상자에 '길벗'을 입력하고 [검색]을 클릭합니다.

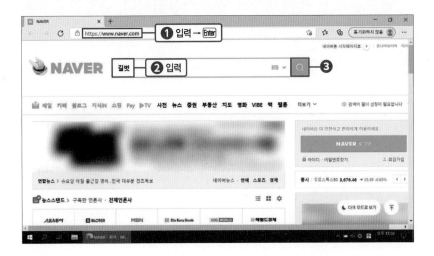

❷ '길벗'과 관련된 검색 결과를 확인할 수 있습니다.

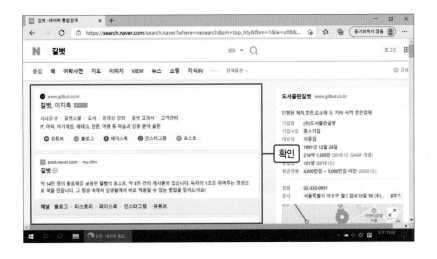

차곡차곡 실력 쌓기

배운 내용을 영상을 통해서 정리해 봅시다. ▶

문서 작성 앱 살펴보기

컴퓨터 수업에서 가장 많이 배우는 앱은 무엇일까요? 아마 문서 앱인 '한컴오피스'와 'MS오피스'일 거예요. 여러분은 어떤 문서를 만들고 싶나요? 문서에 따라 실행하는 앱의 종류와 사용 방법이 다릅니다. 다양한 문서 앱에 대해 알아봅시다.

01 마이크로소프트 오피스(Microsoft Office)

마이크로소프트에서 개발한 문서 앱 모음으로 전 세계에서 널리 사용됩니다. 다양한 종류의 문서를 작성할 수 있어 업무 효율이 높아집니다.

'워드', '엑셀', '파워포인트' 등의 앱이 포함되어 있습니다.

워드(Word)

기본 문서 작성 앱입니다. 보고서, 이력서, 계획표, 안내장 등 다양한 문서를 자유롭게 작성할 수 있습니다. 사진이나 도형 등도 삽입할 수도 있습니다.

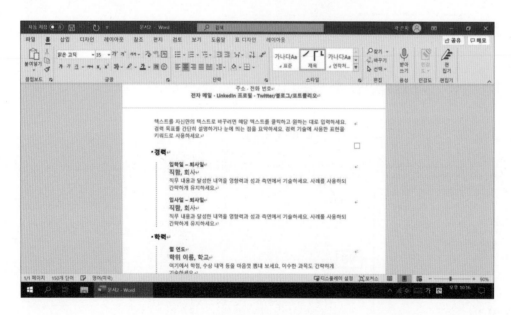

엑셀(Excel)

'표' 형식의 문서를 작성하는 앱입니다. 입력된 정보를 빠르고 정확하게 검색·계산할 수 있고 차트도 만들 수 있습니다. 주로 회사에서 대량의 숫자 자료를 처리할 때 많이 사용됩니다. 매출이나 성적을 관리하거나 보고서를 작성할 때 유용합니다. 가계부를 작성하기도 좋습니다.

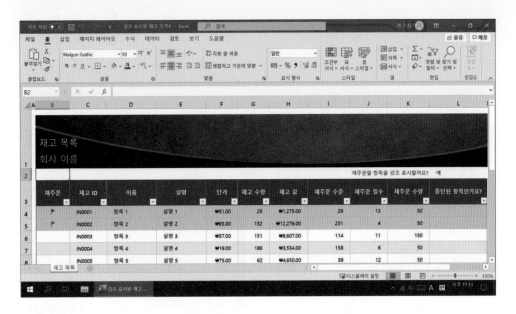

파워포인트(PowerPoint)

발표용 자료를 제작할 때 사용합니다. 각각의 '슬라이드' 안에 도형, 그림, 동영상, 소리 등 다양한 시·청각 요소들을 넣기도 합니다. 청중의 시선을 사로잡기 위해 다양한 디자인 요소를 활용할 수 있습니다.

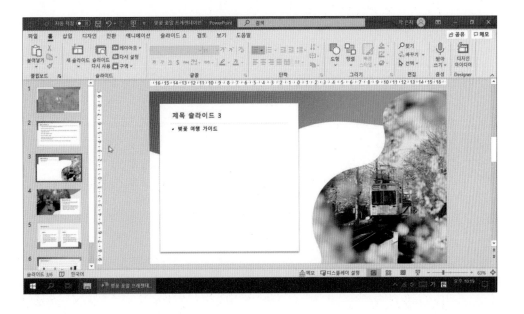

02 한컴 오피스(Hancom Office)

'한글과컴퓨터'에서 개발한 한국의 문서 작성 앱 모음입니다. '흔글', '흔셀', '흔쇼', '흔워드' 등을 포함하여 '흔PDF', '한컴타자연습' 등 다양한 부가 도구들을 제공하고 있습니다.

흔글

기본적인 문서 작성 앱입니다. 보고서, 계획표, 안내장 등 다양한 형식의 문서를 작성할 수 있습니다. 사진이나 도형 등도 삽입할 수도 있습니다.

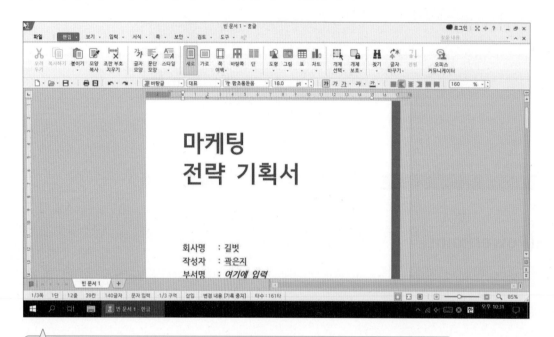

Tip | MS오피스의 '워드' 프로그램에서는 '흔글'로 작성한 파일을 열거나 수정할 수 없습니다.

훈셀

표를 이용해 자료를 다루는 문서 앱으로 MS오피스 '엑셀' 앱과 유사한 기능을 가지고 있습니다. '훈셀' 앱에서 작성한 파일을 '엑셀' 앱을 통해 수정할 수 있습니다.

훈쇼

발표 자료를 작성하는 앱으로, MS오피스의 '파워포인트' 앱과 유사한 기능을 가지고 있습니다. '훈쇼' 프로그램에서 작성한 파일을 '파워포인트' 프로그램을 통해 수정할 수 있습니다.

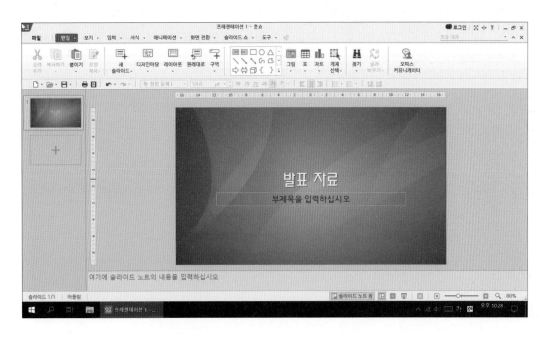

225

흔워드

MS오피스의 '워드' 프로그램의 기능과 유사하며 작성한 파일을 MS오피스의 '워드' 프로그램을 통해 수정할 수 있습니다.

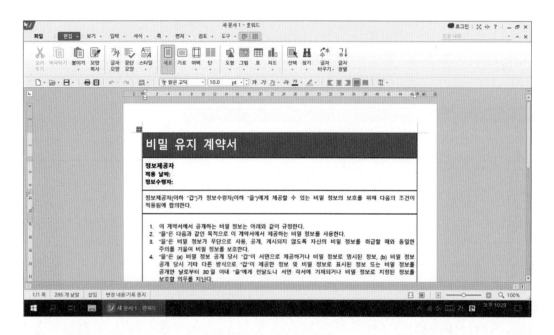

 '흔글'과 '흔워드' 앱에는 어떤 차이점이 있나요?

'흔글'과 '흔워드' 는 모두 문서 작성 앱이지만 저장한 문서 파일의 '확장명'이 다르다는 차이점이 있습니다. '흔글' 앱에서 파일을 작성하면 'hwp' 확장명으로, '흔워드' 앱에서 파일을 작성하면 'docx' 확장명으로 저장됩니다. 따라서 '흔글'에서 작성한 'hwp' 문서는 '흔글' 앱에서만 열고 수정할 수 있어요. 반면, '흔워드' 앱에서 작성한 문서 파일의 확장명은 MS오피스의 워드(Word) 앱에서 작성한 파일의 확장명과 동일하기 때문에 '워드' 앱에서도 열고 수정할 수 있습니다.

03 이제 나도 유튜버! '영상 편집'

영상 공유 플랫폼인 '유튜브(YouTube)'가 활성화되면서 유튜버를 꿈꾸는 사람들이 점점 늘어나고 있어요. 나만의 유튜브 채널을 운영하려면 동영상을 찍고 편집할 수 있어야 합니다. 스마트폰 카메라의 성능이 좋아지면서 동영상 촬영은 쉬워졌지만, 편집은 어렵게 느끼는 경우가 많습니다. '곰믹스'를 이용해 간단한 영상 편집 방법을 익혀 봅시다.

01 영상 편집 프로그램 '곰믹스'

요즘 많은 사람들이 '유튜브(YouTube)'에 큰 관심을 가지고 있습니다. 많은 사람이 '유튜브' 앱이나 웹 사이트에서 동영상을 시청하며 여가 시간을 보내죠. 그러다 보면 자연스럽게 '나도 동영상을 업로드해 보면 어떨까?'라는 생각이 들기도 해요.

'유튜버'가 되는 상상을 해 본 적이 있다면 동영상을 간단하게 편집하는 방법을 익혀 봅시다. 동영상을 멋지게 촬영하는 것도 중요하지만, 결과물의 완성도를 결정하는 것은 '편집'입니다. 무료로 사용할 수 있는 영상 편집 앱 '곰믹스'를 이용해 동영상을 편집해 보겠습니다. 불필요한 부분을 잘라내는 간단한 작업부터 시작해서, 재미있는 자막을 넣거나 눈길을 사로잡는 화려한 효과를 줄 수도 있습니다.

02 '곰믹스' 앱 다운받기

곰랩 홈페이지(www.gomlab.com)에서 '곰믹스' 앱을 다운로드할 수 있습니다.
'곰믹스'는 회원가입 후 [무료 체험하기]를 통해 일정 기간 무료로 사용할 수 있는 앱입니다. 체험하기를 통해 '곰믹스'로 편집을 연습한 후, 계속해서 사용하고 싶다면 유료 앱을 구입해도 좋습니다.

1 웹 브라우저를 실행해 '곰믹스'를 검색한 후 '곰랩 공식 홈페이지'를 클릭합니다.

2 화면 상단의 [≡]를 클릭하고 [곰믹스 2024]를 선택합니다.

③ [다운로드]를 클릭하여 설치 파일을 다운로드합니다. 다운로드가 완료되었다면 화면 상단 다운로드 알림 표시줄의 [파일 열기]를 클릭합니다.

④ 사용자 계정 컨트롤 창이 나타나면 [예]를 클릭하고 언어를 [한국어]로 설정한 후 [OK]를 클릭합니다.

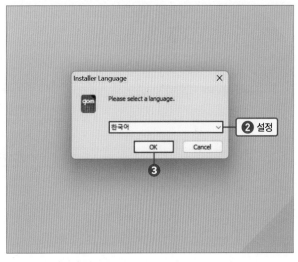

5 설치 창이 나타나며 설치가 진행됩니다. [다음]을 클릭하고 '곰믹스 2024 소프트웨어 이용약관'의 [동의함]을 클릭합니다.

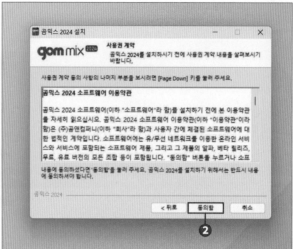

6 '구성 요소 선택' 단계에서는 기본 설정을 유지하고 [다음]을 클릭합니다. '설치 폴더'는 기본 설정을 유지하고 [설치]를 클릭합니다.

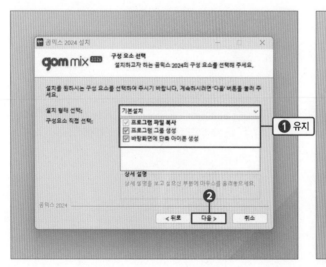

7 곰믹스 프로그램 설치가 완료되면 [마침] 버튼을 클릭합니다. 바탕화면에서 '곰믹스' 실행 아이콘을 확인할 수 있습니다.

03 '곰믹스' 화면 구성 살펴보기

곰믹스 앱의 작업 화면은 크게 네 개의 패널로 구성되어 있습니다.

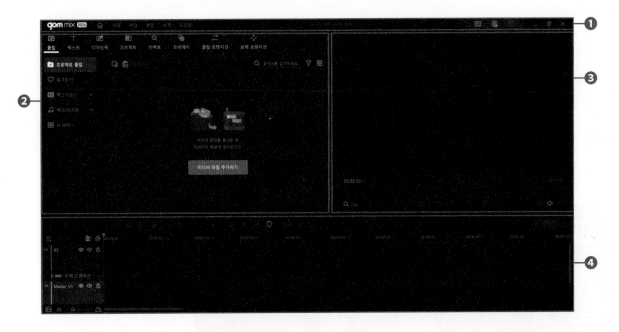

❶ 탑바 메뉴 패널　　❷ 소스 및 효과 패널　　❸ 미리보기 패널　　❹ 타임라인 패널

❶ 탑바 메뉴 패널

파일과 프로젝트, 패널 등에 대해 설정하고 관리할 수 있습니다.

❷ 소스 및 효과 패널

편집에 필요한 소스 클립(동영상, 이미지, 오디오 등의 파일)을 불러오거나 만들고 카테고리별 이펙트와 속성을 적용할 수 있습니다.

❸ 미리보기 패널

현재 편집 중인 동영상을 확인할 수 있습니다. 미리보기 화면 아래에 위치한 [재생(■)]을 클릭하면 영상이 재생됩니다.

❹ 타임라인 패널

동영상의 시간, 진행 상태를 보여주고 클립들을 트랙에 배치하고 편집할 수 있습니다.

04 동영상 파일 추가하기

편집할 동영상 파일을 곰믹스 앱으로 불러 옵니다. 215쪽에서 '카카오톡' 앱을 이용해 스마트폰에서 찍은 동영상 파일을 컴퓨터로 옮기는 방법을 익혔으므로 내가 촬영한 동영상을 불러올 수 있습니다.

무작정 따라하기

❶ [새 프로젝트]를 클릭하고 프로젝트의 이름과 저장 경로를 설정한 후 [확인]을 클릭합니다.

2 [미디어 파일 추가하기]를 클릭하고 '미디어 클립 불러오기' 창이 나타나면 편집할 동영상 파일을 선택하고 [열기]를 클릭합니다.

3 '소스 및 효과 패널'의 프로젝트 클립 목록에 파일이 추가됩니다.

05 동영상 편집하기

불러온 동영상 파일을 타임라인에 추가하고 편집해 봅시다. 동영상에서 불필요한 부분을 잘라내고 자막을 넣을 수 있습니다.

타임라인의 '미디어 소스' 트랙에 동영상 파일 추가하기

'소스 및 효과 패널' 영역에 추가된 동영상을 클릭한 다음 아래 타임라인 툴바의 [클립 추가 (🔲)]를 클릭하면 타임라인에 동영상 파일이 추가됩니다.

특정 부분 잘라내기

동영상의 일부 구간을 잘라내 삭제할 수 있습니다.

무작정 따라하기

❶ 타임라인 눈금자 위의 빨간색 막대를 마우스로 드래그하여 동영상을 잘라낼 '시작' 부분을 지정합니다.

234

2 [클립 자르기(✂)]를 클릭하면 동영상 클립이 2개로 나눠집니다.

② 확인

3 타임라인 눈금자 위의 빨간색 막대를 드래그하여 동영상을 잘라낼 '끝' 부분을 지정한 후 [클립 자르기(✂)]를 클릭하면 동영상 클립이 3개로 나눠집니다.

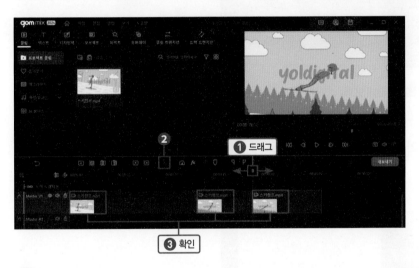

③ 확인

4 삭제할 동영상 클립을 클릭한 후 [클립 당기며 삭제(▣)]를 클릭하면 선택한 동영상 클립이 삭제됩니다.

자막 추가하기

자막을 넣어 정보를 제공하거나 동영상을 재미있게 꾸밀 수 있습니다.

❶ 타임라인 눈금자 위의 빨간색 막대를 드래그하여 자막을 추가할 '시작' 지점을 지정합니다.

❷ '소스 및 효과 패널' 영역의 [텍스트] 탭으로 이동해 [기본 자막]을 타임라인으로 드래그해 끌어다 놓습니다.

3 [기본 자막] 클립을 더블 클릭하여 편집 창이 나타나면 자막으로 넣고 싶은 글자를 텍스트 입력 영역에 입력합니다.

4 자막의 글꼴, 크기, 스타일, 색, 위치를 설정한 다음 [확인]을 클릭하세요.

5 타임라인에 자막 클립이 추가되었습니다.

06 편집한 동영상 인코딩하기

영상 편집을 완료한 뒤 동영상 파일로 만들어 저장하는 것을 '인코딩'이라고 합니다. 작업한
영상을 동영상 파일로 저장하려면 인코딩 과정을 거쳐야 합니다. '스키점프완성.mp4' 파일
을 바탕 화면에 저장해 봅시다.

무작정 따라하기

1 미리보기 패널 아래에 있는 [내보내기]를 클릭합니다.

2 내보내기 창이 나타나면 저장 폴더를 '바탕 화면', 파일 이름을 '스키점프완성'으로 변경
하고 [시작]을 클릭합니다.

3 내보내기가 완료되면 [닫기]를 클릭한 후 곰믹스 앱을 종료합니다.

4 바탕 화면에 '스키점프완성.mp4' 파일이 생성되었습니다. 파일을 더블 클릭해 실행하면 편집이 완료된 동영상이 재생됩니다.

찾아보기